आज़ाद के कारनामे

पहला हिस्सा

आज़ाद के कारनामे

पहला हिस्सा

रतन नाथ सरशार

सम्पादन एवं संकलन

शुऐब शाहिद

BOOKS

राजकमल प्रकाशन

BOOKS राजकमल प्रकाशन

रेख़्ता बुक्स
बी–37, सेक्टर – 1, नोएडा
उत्तर प्रदेश – 201301

contact@rekhta.org | www.rekhtabooks.com
www.rajkamalprakashan.com

प्रथम संस्करण : नवम्बर 2022

ISBN : 978–93–91080–83–9

मूल्य : ₹ 149

आज़ाद के कारनामे–1

रतन नाथ सरशार

टाइटल कैलिग्राफ़ी : धर्मेन्द्र सुशांत

मुद्रक : ज़ाविया प्रिंट, दिल्ली

लखनऊ वालों के नाम

रतन नाथ सरशार

उर्दू के मुमताज़ अदीबों में एक अहम नाम पण्डित रतन नाथ सरशार की पैदाइश 05 जून, 1846 को लखनऊ में हुई। बचपन में ही वालिद के इन्तक़ाल और ग़ुरबत की वज्ह से कॉलेज की पढ़ाई पूरी नहीं कर सके और एक स्कूल में पढ़ाने लगे। लिखने-पढ़ने का बे-इन्तेहा शौक़ रहते थे और जल्द ही नस्र लिखने लगे। उनके शुरूआती मज़ामीन 'अवध पंच' और 'मुरासल-ए-कश्मीर' में शाए हुए। कुछ वक़्त बाद मुंशी नवल किशोर के 'अवध अख़बार' के सम्पादक हो गए।

रतन नाथ सरशार की लिखी हुई 'फ़साना-ए-आज़ाद' की किस्तें 'आवध अख़बार' में शाए हुईं और देश भर के पढ़ने वाले उनके मुश्ताक़ हो गए। उनके मुरीदों की फ़ेहरिस्त में हिन्दी और उर्दू के मशहूर मुसन्निफ़ प्रेमचंद भी शामिल थे जिन्होंने इस किताब का हिन्दी अनुवाद 'आजाद कथा' नाम से शाए किया। बाद में, इसको बुनियाद बनाकर शरद जोशी ने 80 के दशक में दूरदर्शन पर प्रसारित सीरियल 'वाह जनाब' की भी तख़्लीक़ की।

समाज के तब्सिरे का जो अन्दाज़ सरशार साहब ने इख़्तियार किया उसमें उपहास का अन्दाज़ नहीं है बल्कि हास्य की चाशनी है। नतीजा ये है कि जो कुछ भी सामने आता है वो हास्य के रूप में आता है। उन्होंने कई किताबें लिखीं जिनमें 'शम्स-उल-ज़ुहा', 'जाम-ए-सरशार', 'आमाल-नामा-

ए-रूस', 'सैर-ए-कुहसार', 'कामिनी', 'अलिफ़-लैला', 'ख़ुदाई फ़ौजदार' अहम हैं। 27 जनवरी 1903 को हैदराबाद में उन्होंने आख़िरी साँस ली।

दिल से जो बात निकलती है...

अगले वक़्तों में ऐसे लोग गुज़रे हैं जो न सिर्फ़ ज़बान शनास थे बल्कि क़िस्से कहने का हुनर भी ख़ूब जानते थे। ये क़िस्से पीढ़ी दर पीढ़ी सुनाये गए। और सीना-बा-सीना सदियों से चले आते थे। इन क़िस्सों को ज़बान-ओ-अदब की कबा पहनाने का हुनर इन अदीबों को आता था। रतन नाथ सरशार की फ़साना-ए-आज़ाद ऐसी ही एक तस्नीफ़ है। जिसके पढ़ने वाले ऐसी लुत्फ़ आमेज़ बहर में ग़ोताज़नी करते हैं कि जिसकी वुसअत समंदरों की सी है।

इरफ़ान जाफ़री साहब का शेर है,

एक पुरानी सी हवेली है अगर खोलो तो
ये भी मुमकिन है कि हाथों में ख़ज़ाने लग जाएँ

छः जिल्दों और तकरीबन 1200 सफ़हात पर मुश्तमिल ये अज़ीम शाहकार अपनी ज़बान की लताफ़त से न केवल दिल को गुदगुदाता है, बल्कि उस दौर के समाज की तस्वीर भी है। मियाँ आज़ाद और हज़रत ख़ोजी के क़िस्सों में वो रवानी है कि पढ़ने वाला इस बहर-ए-बेपायाँ के बहाव में बहता चला जाता है। मियाँ आज़ाद आपको लखनऊ के क़िस्से सुनाते हैं। सैर कराते हैं। रेलवे स्टेशनों और बाज़ारों में पटरियों पर ठहर जाने पर मजबूर करते हैं। ख़ुद ख़ूब खाते हैं और खाते जाते हैं। बिना इस बात की परवाह किये कि इन फलों और पकवानों के नाम सुन कर आपके मुँह में भी पानी आ जाए। वो अपने हुक़्क़ों की

गुड़गुड़ाहट और दरबारों की बुड़बुड़ाहट से ख़ूब वाक़िफ़ हैं कि वो किसी भी मक़ाम और मौक़े पर चूकने वालों में से नहीं।

रतन नाथ सरशार की नज़र से लखनऊ को देखना एक ऐसा तज्रबा है कि जिसका बदल नहीं। इस किताब में फ़साना-ए-आज़ाद के कुछ मज़ामीन और उसके कुछ हिस्सों को इस तरह मुन्तख़ब करने की कोशिश की गयी है कि ये किताब बहुत ही आसान और आम फ़हम ज़बान में पढ़ने वालों तक पहुँच सके। और अगर इसके ज़रिए आप फ़साना-ए-आज़ाद की ज़बान की फ़साहत और लताफ़त से अपना ताल्लुक़ क़ायम कर सके तो ये इस कोशिश का हासिल होगा।

- सम्पादक

फ़ेहरिस्त

लखनऊ

लखनऊ में मियाँ आज़ाद और हज़रत ख़ूजी अफ़्यूनियों[1] के उस्ताद ने दो दिन पड़ाव डाला और शहर के दो मुख़्तलिफ़[2] मक़ामों पर एक–एक शब बसेरा लिया। पहली शब आग़ा मीर की सरा में बसर की। सुब्ह को चौक की सैर को गए तो देखते क्या हैं कि दो–रूया[3] बाज़ार आरास्ता[4] दुकानें, क़रीने[5] से सजी–सजाई अशिया[6], सलीक़े से चुनी–चुनाई हलवाई की दुकान, शहद-ओ-शकर की कान। थालों में मिठाई और उस पर चाँदी के वरक़, गाहक पर गाहक आ रहे हैं। अफ़ीमी पर अफ़ीमी टूटे पड़ते हैं, गोटे वालों की दुकानों पर भीड़–भड़ाका है। कोई लाला से मोल–तोल करता है। कोई मुनीब जी से चुकाता है। सराफ़े में खनाखन और छनाछन की आवाज़ें आती हैं। दूर तक दुकान की क़तार है। और हर दुकान में अशर्फ़ियों का अम्बार है। दलालों की चाँदी है, दो–एक गाहक मिल गए तो पौ-बारह[7] हैं। बाज़ार में खड़े चक्कर लगा रहे हैं, उस सिरे से इस सिरे तक ताकते जा रहे हैं। जौहरी की दुकान में

जवाहिरात के ढेर लगे हैं। लाला पन्ना मल के दिमाग़ ही नहीं मिलते। रंगारंग जवाहर और मोती देख कर मियाँ आज़ाद की आँखें खुल गईं। लाल के नूर से चकाचौंध का आलम है। कहीं याक़ूत[8] कहीं ज़मुर्रद[9]। बाज़ार की दुकानों पर वो दिल-फ़रेब सामान है कि वाह जी वाह। अंग्रेज़ी, हिन्दुस्तानी, शरबती, जामदानी[10] जिस क़िस्म का कपड़ा चाहे ले लो। छींट, डोरिया, अतलस[11], क़ाक़ुम[12], संजाब[13], बानात[14] हर क़िस्म का कपड़ा मौजूद। मगर दस रुपया गज़ कहें तो तीस रुपया गज़ बेचें। शाने से शाना[15] छिलता था हवा को भी वक़्त से बार मिलता था। कमरों की तरफ़ जो नज़र की तो बश्शाश[16] हो गए। मस्जिदों को देखा तो छतें फटी पड़ती हैं। नमाज़ी तिलावत–ए–क़ुरआन में मसरूफ़। ख़ैर इस तरह के लुत्फ़ तो उन्होंने ख़ूब उठाए। अब दूसरी शब को अमीनाबाद की सरा में आए। अल्लाह–अल्लाह क्या ग़दरा शहर है। कोसों तक आबाद करोड़ों मकान, पदमों आदमी, शंखों बाशिन्दे अल्लाह–अल्लाह। और लोग कहते हैं कि शाही में और भी ज़्यादा आबादी थी। अब तो गोल दरवाज़े के सामने साफ़–शफ़्फ़ाफ़ मैदान है। और इधर–उधर अक्सर मुहल्ले वीरान उजड़े हुए मकानात गिरे पड़े। मगर हाँ सद्र की तरफ़ ख़ूब गुलज़ार है। सद्र बाज़ार और अमीनाबाद में वो रौनक़ है कि वहाँ से जाने को जी नहीं चाहता। मकानात भी उम्दा और पुख़्ता बने हैं। इमारात, आलीशान बंगले साफ़-ओ-शफ़्फ़ाफ़ और बाग़ इस कसरत से हैं कि इस सिरे से उस सिरे तक बाग़ ही बाग़ नज़र आते हैं। सिकन्दर बाग़ सब्ज़ा–ज़ार ही सब्ज़ा–ज़ार है, बादशाही बाग़ सरापा बहार है और जिस तरफ़ निकल

जाइए बाग़ कसरत से पाइए।

अल-ग़रज़ मियाँ आज़ाद और ख़ूजी ने यहाँ ख़ूब लुत्फ़ उठाया। हमारे रंगीले जवान मियाँ आज़ाद और उनके सैलानी यार जानी मियाँ ख़ूजी ख़ाना-बर्बाद ने लखनऊ में ख़ूब मटर-गश्ती की। लखनऊ की आलीशान कोठियाँ और ख़ुश-नुमा और दिल-कशा बंगले, और शाही ऐवान और गुलज़ार बाग़–ओ–बहार और उमरा की बारह-दरियाँ ऐसी भाईं कि अश–अश करने लगे। मुहमदू तबलची को तबला बजाने में उस्ताद पाया तो ख़ुश–इल्हानी[17] में सादिक़ अली ख़ान को। बाबाजी ने वो सितार बजाया कि तानसेन को उँगलियों पर नचाया। फ़िरंगी महल है या ख़ित्ता–ए–यूनान। या उलमा–फ़ुज़ला की कान। मुफ़्ती मीर अब्बास अली साहब क़िब्ला की किताबों की अरब तक धूम है। मक्का मुअज़्ज़मा और मदीना मुनव्वरा और कर्बला–ए–मुअल्ला और मुशहिद–ए–मुक़द्दस[18] तक के आलिम आपके कलाम की दाद देते हैं। एक–एक फ़िक़रे पर मर्हबा[19] कहते हैं। अतिब्बा[20] में एक से एक बर्क़। हकीम मिर्ज़ा मुहम्मद जाफ़र की तबाबत के झण्डे गड़े हुए हैं। हुवश्शाफ़ी[21] नुस्ख़े में लिखने भी न पाए कि मरीज़ सेहत–ए–कामिल[22] पाए। हकीम सय्यद मुहम्मद ख़ान साहब के मुजर्रबात[23] अल्वी ख़ान साहब के मुजर्रबात से कम नहीं। हकीम मिर्ज़ा मुहम्मद हुसैन साहब और हकीम मुहम्मद इब्राहीम साहब के घराने ने वो दस्तगाह पहुँचाई कि अवध भर में शोहरत पाई और दूर तक नाम हुआ। जो मरीज़ उनसे रुजू किया उसे फ़ौरन आराम हुआ। शोअरा भी बा–कमाल हैं। तदबीर–उद्–दौला मुंशी मुज़फ़्फ़र अली ख़ान, असीर

लखनवी शायरी में उस्ताद, इल्म–ए–अरूज़[24] के माहिर और मुल्क–उश्–शोरा[25] हैं। अगले शायरों में अब यही तो बाक़ी रह गए। ख़ुदा ख़िज्र-ओ-इलियास को लम्बी उम्र अता करे। गो बूढ़े हो गए मगर तबीअत जवान है। एक–एक शेर से सच्चा लुत्फ़ टपकता है। जो सुनता है अहसनतु मर्हबा[26] कहता है और दाद देता है। आफ़ताब उद्-दौला क़ल्क़ इस ज़माने में ग़नीमत हैं। नासिख़–ए–मग़फ़ूर[27] का नाम उन्होंने ख़ूब रौशन किया। इक मसनवी ऐसी तसनीफ़ की कि कलम तोड़ दिए। क्या साफ़ रोज़-मर्रा क्या तर्ज़–ए–बयान है, क्या बोल–चाल क्या ज़बान है। मुहम्मद जान शाद भी बोल–चाल और रोज़-मर्रा के उस्ताद हैं। अल-ग़रज़ जिस गली को देखते हैं इल्म की शान और इल्म की जान है। चौक में जो सैर करने गए तो बेइख़्तियार बोल उठे—

ख़ुदा आबाद रक्खे लखनऊ को फिर ग़नीमत है
नज़र कोई न कोई अच्छी सूरत आ ही जाती है

एक दिन पहलवानों की कुश्ती और पिचैतियों[28] की धेंगामुश्ती और बकैतियों की कसरत और फंकैतियों के करतब और बनोटियों के कमाल देखे तो गर्दन हिलाई कि हाँ अभी बाँकों से लखनऊ ख़ाली नहीं है। गतका पटका और हो रहे। गतका पटका और वो उचक गए। तराश–ख़राश का भी लखनऊ पर ख़ात्मा है। यहाँ वालों को वो–वो गुर याद हैं कि वाह जी वाह। हिन्दुस्तान का फ्रांस लखनऊ है। वहाँ महीने में एक फ़ैशन बदलता है तो यहाँ हफ़्ते में पाँच।

लैस की ख़रीदा हैं। ये आबादी जान के वास्ते लैं हैं और

फ़िटन भी एक दिन को लै देंगे लैकिन तुम कसू[29] शख़्स से ये राज़ न खोलना।

मियाँ आज़ाद ने लाहौल कर के वो पर्चा नवाब साहब को दे दिया और और ख़ूजी को लेकर चल खड़े हुए।

राज़ के बदले (राज़्) और लेकिन को (लैकिन) और शख़्स को (शख़स) और ली हैं को (लैं हैं) और उनको (ऊन को) और कसोनिया (खोलना) और घोड़ियाँ को (घोंड़ें) लिखा है। ये तो नवाब साहब की लियाक़त का हाल है और आबादी जान का इस दर्जा ख़याल है कि फ़िटन और कड़ी दे दी।

* * *

---

1 अफ़ीम का सेवन करने वाले 2 विभिन्न 3 दो तरफ़ा 4 अलंकृत 5 ढंग 6 सामग्री 7 अत्याधिक लाथ 8 लाल रंग का क़ीमती पत्थर 9 हरे रंग का क़ीमती पत्थर 10 जड़ीदार बारीक कपड़ा 11 एक रेशमी कपड़ा 12 सफ़ेद क़िस्म का एक नेवला 13 भूरी गिलहरी 14 एक प्रकार का ऊनी कपड़ा 15 कंधा 16 प्रसन्नचित 17 मधुर स्वर 18 इरान के मशहूर तूस का दूसरा नाम 19 शाबाश 20 यूनानी इलाज के माहिर 21 डॉक्टर प्राय: नुस्ख़े के ऊपर लिखते हैं / ऐ रोग मुक्त करने वाले 22 मुकम्मल 23 आज़माया हुआ नुस्ख़ा 24 छन्द विज्ञान 25 प्रख्यात शाइर (एक उपाधी) 26 प्रफुल्लित स्वागत 27 स्वर्गीय लेखक 28 कुश्ती लड़ने वाले 29 किसी

स्टेशन

मियाँ आज़ाद यहाँ बिस्तर जमाने या किसी मकान का क़बाला लिखवाने तो आए थे नहीं। राह–राह आए, दो–तीन दिन रहे चले गए। लखनऊ के स्टेशन पर पहुँचे तो वो चहल–पहल वो भीड़–भड़क्का। वो धक्कम–धक्का कि शाने से शाना छिलता था। ब्राह्मण देवता डोल लिए खटखटाते चले जाते हैं। जल ठण्डे, कटोरा अलग खनक रहा है। मियाँ भिश्ता–मुश्क–पा मश्कीज़ा[1] लिए हुए चहल-क़दमी कर रहे हैं। एक सम्त साक़ी दो–सेरा ख़मीरा भर कर गुड़गुड़ी लिए गुड़गुड़ा रहा है। ऐसा ख़ुशबूदार कि दिमाग़ महक जाए। चबूतरे के सामने कुम्हार बरतन चुन कर बैठा बेच रहा है। मिट्टी के खिलौनों पर वो जोबन कि बाहर वाले शौक़ से ख़रीद ले जाते हैं। ख़रीदारों पर ख़रीदार टूटे पड़ते हैं। पैसा फेंका और हुक़्क़ा लिया। उधर मियाँ भिश्ता ने ताज़ा कर दिया और साक़ी ने चिलम तैयार की, धुआँ-धाड़ उड़ाने लगे। खटिक ने आवाज़ लगाई। गुलाबी मेवा शहतूत अमरस है आम के रसों का।

क़लमी आम के रसों का। फ़क़ीर मुहम्मद ख़ान के बाग़ का सफ़ेदा। बनारस का लंगड़ा। चारबाग़ का बम्बई। रंगतरे, संगतरे, कोले, अनन्नास, नारंगियाँ, शरीफ़ा, अमरूद, सेब जो चाहिए ख़रीद लीजिए। एक तरफ़ हलवाई की दुकान। मिठाई के ख़्वान, बर्फ़ी के थाल। चाँदी के वरक़ लगे हुए पिस्ते की हवाइयाँ। लोहे के चराग़ लटके हुए हैं। दुकान झक–झक कर रही हैं। इतने में आवाज़ आई बिस्किट लो बिस्किट। कबाब कुलचे और इधर–उधर घूमे तो टोपी वाला सामने आन मौजूद हुआ। दोपल्ली टोपियाँ, शरबती जामदानी चिकन, मरी के काम की कढ़ी, मिन्दील गोल टोपी। नए–नए फ़ैशन। निराली और अनोखी वज़ा[2] की टोपियाँ झड़ाझड़ दिखा रहा है और गाहक पर गाहक शौक़ से दाम चुका रहा है। दस–पाँच हाथों–हाथ बिक गईं। दूर–दूर तक मुसाफ़िर बिस्तर जमाए, कोई ज़ीन–पोश कोई दरी बिछाए बैठा रेल की राह तक रहा है। कोई गँवार उकड़ूँ बैठा अनाप–शनाप बक रहा है। मियाँ आज़ाद अपने दिल में सोचे कि अल्लाह–अल्लाह रेल का स्टेशन क्या ख़ासा मेला है। कुछ ठिकाना है। ये भीड़, ये धूम, ये रौनक़। भई वाह रे लखनऊ वल्लाह ऐसा स्टेशन भी नहीं देखा। मियाँ आज़ाद टहलते हुए स्टेशन के अन्दर गए, होटल देखा तो बाँछें खिल गईं। ओहो हो–हो! क्या साफ़–ओ–शफ़्फ़ाफ़ है। हर शय[3] क़रीने से चुनी हुई। दर–ओ–दीवार से सफ़ाई बरस रही है। हर सम्त नूर का आलम है। इस सिरे से उस सिरे तक मेज़ और उसके गिर्दा–गिर्द कुर्सियाँ गिलास चुने हुए। लैम्प और कँवल हर तरफ़ रौशन हैं। मियाँ आज़ाद भी कुर्सी पर जाकर डट गए। खाना लाओ। एक चपरासी

साफ़–सुथरे कपड़े पहने हुए चौबदारों की सी पगड़ी बाँधे हुए सामने आन खड़ा हुआ। और हुक्म पाकर निहायत ही क़ीमती बेश-बहा[4] प्लेटों में तरह–तरह का अंग्रेज़ी का खाना लाया। मियाँ आज़ाद ने छुरी–काँटे से ख़ूब मज़े से चखा और सोडा वॉटर और लेमूनेड पिया।

* * *

---

1 चमड़े के थैले (मश्कीज़ा) से पानी ढोने वाला व्यक्ति 2 ढंग, वेश भूषा, हुलिया 3 चीज़
4 बहुमुल्य

लखनऊ का मुहर्रम

मियाँ आज़ाद सैलानी[1] आदमी सैर–सपाटे पर उधार खाए हुए मटर-गश्ती की धुन जो समाई तो रेल के इंजन की तरह चल खड़े हुए और सोचे कि चल के मुहर्रम लखनऊ का देख लें।

देखते क्या हैं कि घर–घर गिर्या–ओ–ज़ारी[2]। घर–घर अश्क-बारी एक जले तन बोल उठे और क्यों न हो मजलिस–ए–अज़ा[3] की धूम–धाम है। लखनऊ का मुहर्रम–उल–हराम है। लखनऊ की सोज़-ख़्वानी[4] लखनऊ की ख़ुश-बयानी। लखनऊ की अज़ादारी लखनऊ की सोगवारी[5] शाम से रोम तक मशहूर है। ताज़िया ख़ानों में धूम है। इमामबाड़ों में हुजूम है और इन सब में हुसैनाबाद मुबारक की शान ही कुछ और है। उनके एक दोस्त भी साथ हो लिए थे। उनकी बेक़रारी का हाल कुछ न पूछिए। और लखनऊ से वाक़िफ़ न थे, लोटे जाते हैं कि शहीद-कर्बला का वास्ता आल–ए–मुस्तफ़ा का

सदक़ा। हमें लखनऊ का मुहर्रम दिखा दो। मगर कोई जगह छूटने न पाए। एक शख़्स ने एक सर्द आह खींच कर कहा कि मियाँ अब वो लखनऊ कहाँ, वो लोग कहाँ, वो दिल कहाँ। लखनऊ का मुहर्रम रंगीले पिया जान–ए–आलम[6] के वक़्त में देखने के क़ाबिल था। बाँकों की तलवार जब देखो मियान से दो अंगुल बाहर। किसी ने ज़रा तीखी चितवन की और उन्होंने सरवही[7] का तुला हुआ हाथ छोड़ा।

भण्डारा खुल गया। एक–एक घण्टे में बीस–बीस ख़ाना जंगियों की ख़बर आती थी। दुकानदार जूतियाँ छोड़–छोड़कर सटक जाते थे। वो धक्कम–धक्का वो भीड़–भड़क्का होता था कि वाह जी वाह! इन्तिज़ाम करना ख़ाला जी का घर न था। अब कोई चूँ भी नहीं करता। अदना–अदना आदमी हज़ारों लुटाता था। अब कोई भी नज़्र-ए-हुसैन नहीं निकालता, अब अनीस हैं न दबीर हैं, मूनिस हैं न मुशीर, ज़मीर हैं न दिलगीर[8]।

अफ़सोस जहाँ से दोस्त क्या–क्या न गए
इस बाग़ से क्या–क्या गुल–ए–राना न गए
था कौन सा पेड़ जिसने देखी न ख़िज़ाँ
वो कौन से फूल थे जो मुर्झा न गए

दबीर को ख़ुदा बख़्शे वल्लाह ख़ुदा–ए–सुख़न[9] था। एक ही रूबाई पढ़ी और सुनने वाले हैरत में ग़र्क हो गए कि अल्लाह–अल्लाह ये फ़साहत[10] ये बलाग़त[11]।

मद्दाह-ए-अमीर[12] इब्न-ए-अमीर[13] आता है
दरबार में शाहों के फ़क़ीर आता है

मुश्ताक़-ए-सुख़न[14] ख़ल्क़[15] चली आती है
लो मर्सिया पढ़ने को दबीर आता है

और अनीस को ख़ुदा बख़्शे वल्लाह कलाम क्या जवाहिरात के टुकड़े हैं।

जौहर-शनास[16] है तो इन्हें मोतियों में तौल।

ईरान वाले भी मानते हैं कि कहाँ अनीस कहाँ फ़िरदौसी, कहाँ कमर-बन्द मुरस्सा कहाँ शाल–ए–तूसी। बज़्म में वो ढंग, रज़्म में वो रंग।

हाथी लुटेगा भी तो कहाँ तक। अब भी इस शहर की ऐसी अज़ादारी, हफ़्त–ए–अक़्लीम[17] में नहीं हो। अब कहिए कहाँ की सीधियाँ हैं नजफ़ अशरफ़। कर्बला काज़िमन[18] मीर बाक़िर के इमामबाड़े। चौपटियाँ जहाँ चलो वल्लाह बहिश्त की सीधी राह खुली है।

दरबार जनाब मुस्तफ़ा को देखा
इन आँखों से शान–ए–किब्रिया को देखा
फ़िरदौस में पहुँचे जो नजफ़ में पहुँचे
जन्नत देखी जो कर्बला को देखा

रंगरलियाँ मनाते पौ–क़दमे चले जाते थे। राह में वो भीड़, वो रेल–पेल कि इलाही तौबा। शाने से शाना छिलता था। बाँके, तिरछे, तीखे, ग़रीब–ओ–अमीर, बरनाव-पीर उमड़े चले आते हैं। जिधर देखो निराली सज–धज। कोई हुसैन के मातम में बरहना[19] सर चला जाता है, कोई बहिश्त

वालों की तरह हरा–हरा जोड़ा भड़काता है। लीजिए आग़ा बाक़िर के इमामबाड़े में खट से दाख़िल। ओहो हो हो! ख़ुदा की क़ुदरत नज़र आती है। वाह मियाँ बाक़िर क्यों न हो! नाम कर गए।

चकाचौंध का आलम है। लेकिन गली तंग, तमाशाइयों की अक़्ल दंग। मगर ख़िलक़त[20] घुसपैठ कर देख ही आती है। नाक टूटे या सर फूटे आग़ा बाक़िर का इमामबाड़ा ज़रूर देखेंगे। वहाँ से जो तरारा भरा तो कच्चे पुल पहुँचे। देखते क्या हैं कि एक अगले वक़्तों के बुज़ुर्ग लोगों को रो रहे हैं। वल्लाह लखनऊ के कुम्हार बड़े उस्ताद हैं। ऐसा बुड्ढा बनाया कि मालूम होता है पोपले मुँह से अब बोला और अब बोला। वही सनके से बाल, वही सफ़ेद भवें, वही चितवन, वही पेशानी की शिकन, वही हाथों की झुर्रियाँ, वही कमर ख़म, वही सीना झुका हुआ। वाह रे कारीगर। तू भी अपने फ़न में यकता है। और तेरा बुड्ढा तो अल्लाह ही अल्लाह। वहाँ से जो चले दारोग़ा मीर वाजिद अली साहब मरहूम के इमामबाड़े में आए। यहाँ सूरजमुखी पर वो जोबन था कि आफ़ताब अगर एक नज़र छुप–छुपा कर वो नूर देख पाता तो मारे ग़ैरत के कभी बाहर न आता। बे-तकल्लुफ़ कुर्सियों पर जा डटे। अहलकारों ने इलायची की चिकनी डली पेश-कश की। वहाँ से हुसैनाबाद मुबारक में पहुँचे। सुभानल्लाह–सुभानल्लाह इमामबाड़ा है या बाग़–ए–रिज़वान। इलाही ये मकान है या बाग़–ए–जिनान। हर दर–ओ–दीवार से मुहम्मद अली शाह का नाम रौशन है। इमामबाड़ा सजा–सजाया, दुल्हन का ऐसा जोबन है। बुर्ज और

मिनार ये कोहिनूर है या शोला–ए–तूर[21] है। सुर्ख़ क़न्दील[22] पर सुर्ख़ याक़ूत हीरा खाए चराग़ान की क़तार पर महताब परवाना हो जाए। नहर साफ़ जो नज़र आई तो आँखों ने अजब तरावत पाई।

चलिए ज़रा मजालिस–ए–अज़ा का रंग–ढंग भी तो देखें। नवाब बाक़िर हुसैन ख़ान बहादुर और दारोग़ा मीर वाजिद अली साहब मरहूम और जनाब सय्यद इब्राहीम साहब और जनाब आग़ा अली ख़ान साहब की मजलिसों में गए। जनाब सय्यद–उस्–शुहदा के मातमदारों की अश्क-बारी और गिर्या-ओ-ज़ारी से यक़ीन हो गया कि मातम-दारी लखनऊ पर ख़त्म है। आशूरा[23] की रात तो निचोड़ का वन था। आज़ाद ने लखनऊ के मुहर्रम का ख़ूब लुत्फ़ उठाया।

अलविदा ऐ अश्क-बारो अलविदा
आख़िरी ये शब है यारो अलविदा
ख़त्म होने को हैं ये मातम के दिन
सर को पीटो और पुकारो अलविदा

जिधर जाते हैं गिर्या-ओ-ज़ारी जहाँ देखते हैं अश्क-बारी, रात तो ज़ियारत में बसर हुई। सुब्ह यानी आशूरा के दिन पौ फटने के वक़्त ताज़िया निकले। रांगे का ताज़िया, जौ का ताज़िया, मोम का ताज़िया, खेलों का ताज़िया, रूई का ताज़िया, पीपल के पत्तों का ताज़िया, अण्डों का ताज़िया, नौ–गज़ा ताज़िया। लाखों ताज़िए ताल कटोरे की कर्बला में दफ़नाए जाते हैं।

क्या जल्द हुआ माह–ए–मुहर्रम आख़िर
जी भर के हुसैन को न रोने पाए

* * *

---

1 पर्यटक 2 विलाप 3 आँसू बहाना 4 मर्सिया पढ़ना 5 दुखी 6 वाजिद अली शाह का एक नाम 7 एक उत्कृष्ठ और लचीली तलवार 8 शोक ग्रस्त 9 मित्तभाषी 10 विनोदपुर्ण वर्णन 11 उच्चर स्तर की भाषा 12 अमीर एक उत्कृष्ठ उपाधी (अमीर की प्रशंसा) 13 अमीर अथवा सरदार का पुत्र 14 शायरी सुनने का अभिलाषी 15 दुनिया 16 पारखी 17 सृष्टि 18 इमाम मूसा के मज़ार को कहते हैं 19 नग्न 20 दुनिया 21 हज़रत मूसा को तूर पहाड़ पर जो रौशनी नज़र आई थी 22 दीया 23 दसवीं मुहर्रम

तन्दुरुस्ती हज़ार नेमत है

हज़रत-ए-आज़ाद झूमते हुए चौक में आ निकले। देखते क्या हैं कि पन्द्रह–बीस कमसिन लड़के जुज़दान[1] लटकाए, सलेटें दबाए, परे जमाए पौ–क़दमे आते हैं। पन्द्रह–पन्द्रह बीस–बीस बरस का सिन, उठती जवानी के दिन मगर कमर बहत्तर जगह से ख़म। गालों पर कच्चे पुल के बुड्ढे की तरह झुर्रियाँ। आँखें गड्ढे में धँसी हुईं, मुँह पर हवाइयाँ, चलना मुश्किल है। या इलाही ये झुका हुआ सीना, ये शान-ए-ना–ताक़ती और कमज़ोरी। इस नई जवानी में ये चाल है बुढ़ापे में तो शायद उठकर पानी पीना भी दूभर हो जाएगा। बढ़ कर – मियाँ साहबज़ादो हमें इस वक़्त वल्लाह हैरत है कि ये उठती जवानी और ये कमज़ोरी?"

तालिब इल्म – "ये बेचारे ताक़त–ओ–तवानाई और कस–बल किसके घर से लाएँ। ज़ोर–ए–दवा तो है नहीं कि अत्तार[2] की दुकान पर जाएँ। दुआ नहीं कि किसी शाह जी से कहीं लाएँ। इनकी तो जान अज़ाब में है। दस बरस के सिन

में तो बीवी छम-छम करती घर में आईं। चलिए उसी दिन से पढ़ना-लिखना छप्पर पर रखा। जब देखिए नई धुन है, कुछ और ही उधेड़-बुन है। तेरहवें ही बरस एक छोकरी के बाप या छोकरे के अब्बाजान हुए। खाने–कमाने की फ़िक्र ने दामन पकड़ा, खिलाई दाई मामा छू–छू की फ़िक्र हुई। ये दुबले–पतले न हों तो कौन हो। उसको भी जाने दीजिए। वर्ज़िश से तबीयत उचाट, डण्ड–मुग्दर से मंज़िलों दूर, और कुश्ती से परहेज़। गिज़ा मुक़व्वी नहीं तर्ज़–ए–मआश भौण्डा।"

मियाँ आज़ाद इस तक़रीर से बाग़–बाग़ हो गए। दिल में सोचने लगे कि हाय इनकी जवानी कैसी बर्बाद जाती है। इस रौ में कहीं हज़रतगंज दिल-कशा सिकन्दर बाग़ की तरफ़ निकल गए। देखते क्या हैं एक दिलकश और ख़ुश-नुमा बंगले में दस–दस पन्द्रह–पन्द्रह बरस की अंग्रेज़ों की लड़कियाँ और लड़के साफ़–सुथरी पोशाक पहने खेल रहे हैं। सब ख़ूबसूरत हट्टे–कट्टे। एक पेड़ की टहनी पर झूलता है, दूसरा दीवार को घोड़ा बनाए मज़े से उसपर दनदनाता है, टख़–टख़ टख़–टख़, दस–बीस दो–दो मील से रप–रप करते आते हैं, चार–पाँच गेंद–बल्ला खेलने पर लट्टू हैं। एक मुक़ाम पर देखा कि रस्सी का एक सिरा एक लड़के ने इधर और दूसरे ने उधर से लिया और कई फ़िट ज़मीन से बुलन्द किया। और एक प्यारी लड़की बदन तौल कर ज़मीन से उसपर उचक गई। दूसरी तरफ़ से एक लड़का झपट कर कई गज़ रस्सी से ऊँचा वो कूद गया। कोई दौड़ता है, कोई क्रिकेट खेलता है। सब सही-ओ-तन्दुरुस्त, ख़ुश-ओ-ख़ुर्रम, दौड़–धूप में ताक़। जिस सड़क पर जाते हैं और जिधर देखते हैं यही तमाशा। उस

वक़्त हज़रत-ए-आज़ाद ने उन होनहार लड़कों और गुलबदन लड़कियों को दिल से दुआ दी और हिन्दुस्तान की सुस्ती और बेवक़ूफ़ी पर लाहौल पढ़ते हुए घर आए।

* * *

---

1 वह कपड़ा जिसमें क़ुरआन-ए-पाक लपेटकर रखा जाता है 2 इत्र बेचने वाला

नौकरी की तलाश

मियाँ आज़ाद सुब्ह मुँह–अँधेरे तारों की छाँव में बिस्तर से उठे। दिल में ठान ली चलो भई इधर–उधर के तो ख़ूब सैर–सपाटे किए अब ज़री अदालत और कचहरी की भी दो घड़ी सैर कर आएँ। पहुँचे तो देखते क्या हैं कि एक लक़–ओ–दक़[1] बाग़ है और सुहानी छाँव में मेला सा जमा है। कोई हलवाई से मीठी–मीठी बातें करता है, कहीं ख़्वाँचे वाला बैठा है (गुलाबी हलवा सोहन), मदारिए हुक़्क़े एक सम्त ताज़े किए जाते हैं। वो तड़ाक़ा कि वाह–वाह! मैं आ! तू आ! ये आ! वो आ! आदमियों का ताँता लगा हुआ है। बीसियों मुंशी चटाइयों पर बैठे अर्ज़ियाँ लिख रहे हैं। मुस्तग़ीस[2] हैं कि एक–एक के पास दस–दस झुरमुट किए बैठे क़ानून छाँट रहे हैं। मियाँ आज़ाद ने गवाह घर की तरफ़ जो रूख़ किया तो सुभानल्लाह! सब्ज़ मन्दीलें[3] और फौक़–उल–भड़क[4] चुग़े ही चुग़े नज़र आते हैं। वकील इधर–उधर बैठे मुक़दमे चुका रहे हैं। इधर–उधर देखा, यार न ग़मगुसार[5], न कोई हाँ–हूँ से शरीक न कोई बात

पूछने वाला।

पीछे फिरकर देखा कि एक दोस्त खड़े गिलौरियाँ बनवा रहे हैं। जान में जान आई। मारे ख़ुशी के बाँछें खिल गईं। चिल्ला उठे कि ऐ हज़रत हम भी हैं पाँचों सवारों में। अख़ाह आप हैं। आइए। कहाँ भूले पड़े। जी यूँ ही चला आया। दोस्त ने कहा आइए कचहरी के अन्दर चलिए। दो क़दम बढ़े थे कि चपरासी ने कड़क कर आवाज़ लगाई (मसीता बेग हाज़िर है) एक अफ़ीमी के पाँव लड़खड़ाए। सीढ़ियों से लुढ़कते हुए धम से नीचे। या अली। एक ठिटोल ने कहा वाह क़िब्ला देखिए ये शर्त न थी। गिरे तो मगर बन्दा–दरगाह से पूछ न लिया, उठे तो यार लोगों ने गर्द झाड़ दी। इतने में एक अपरेंटिस (उम्मीदवार) और आया और कुर्सी पर डट गया।

उम्मीदवार – कहाँ से आना हुआ।

दोस्त – जी इसी शहर में रहता हूँ।

उम्मीदवार – कचहरी में खड़े रहने का हुक्म नहीं है। हमारे कमरे में से आप जाइए वरना चपरासी को आवाज़ देता हूँ।

दोस्त – बिगड़िए नहीं बस सिर्फ़ ये तो बता दीजिए कि आपका ओहदा क्या है।

उम्मीदवार – हम उम्मीदवारी करते हैं। तीन महीने से रोज़ यहाँ काम सीखते हैं। अब फ़र्राटे उड़ाता हूँ, किसी काम में बन्द नहीं। पन्द्रह रुपए की आसामी हमें सुब्ह-ओ-शाम मिला ही चाहती है। मगर पहले तो वल्लाह घाँस छीलना मुश्किल मालूम होता था, अब बुक़रात बन गया है।

आज़ाद – क्यों मियाँ साहबज़ादे तुम्हारे वालिद कहाँ नौकर हैं।

उम्मीदवार – नौकर! तौबा–तौबा कीजिए। वो दस गाँवों के ज़मींदार हैं।

आज़ाद – क्या तुमको घर से निकाल दिया या आक़[6] कर दिया। या कुछ खिटपिट है।

उम्मीदवार – हम होनहार लड़के हैं। इस सिन में नौकरी की फ़िक्र हुई।

आज़ाद – हज़रत जिसे खाने की रोटियाँ न हों वो सत्तू बाँध कर नौकरी के पीछे पड़े तो मुज़ाइक़ा[7] नहीं। तुम ख़ुदा के फ़ज़्ल से ख़ुशहाल हो। ज़मींदार रुपया वाले हो। तुमको ये क्या सूझी कि दस–पाँच की नौकरी के लिए एड़ियाँ रगड़ते हो। इसी से तो हिन्दुस्तान ख़राब है। वाह रे बेवक़ूफ़ी! जिसे देखो नौकरी पर हज़ार जान से आशिक़। मियाँ साहबज़ादे कहा मानो अपने घर जाओ। अपना काम देखो, इस फेर में न पड़ो। अमामा बाँधा और कचहरी में जूतियाँ चटख़ाते फिरते है। मुहर्ररी पर लूट, अमानत पर उधार खाए बैठे हैं और घर में सोने की ईंटें भरी हैं। लाहौल वला क़ुव्वत।

दूसरे उम्मीदवार की निस्बत मालूम हुआ कि एक महाजन लखपति का लड़का उम्मीदवारी करता है। बाप की कोठी चलती है। लाखों का वारा–न्यारा। बेटा बारह रुपए की नौकरी के लिए सौ–सौ चक्कर लगाता है। चौथे दर्जे से मदरसा छोड़ा और एपेरेंटिस हुए। काम ख़ाक नहीं जानते हैं। बाहर जाते हैं तो मुंसरिम साहब से पूछकर। मौलवी साहब अगर इजाज़त बाशद आब ख़ुर्दा बयायम। उस वक़्त जब सब दफ़्तर वाले

अपने–अपने घर जाने लगे तो हज़रत पूछते क्या हैं क्यों जी ये सब चले जाते हैं और अभी छुट्टी की घण्टी तो बजी ही नहीं। स्कूल की घण्टी याद आ गई।

मियाँ आज़ाद दिल ही दिल में सोचने लगे कि नौजवान–अमीरों के लड़के, अभी गभरू, नाम-ए-ख़ुदा, पन्द्रह–पन्द्रह सोलह–सोलह बरस का सिन, पढ़ने–लिखने के दिन। मदरसा छोड़ा कॉलेज से मुँह मोड़ा, उम्मीदवारों के गिरोह में शामिल।

उम्मीदवारों – हाय सितम वाय सितम। मेहनत करना वबाल है, सबक़ में जी लगाना दुश्वार, दो–चार बरस जमकर पढ़ना मुहाल। लाहौल वला। ये सब हिन्दुस्तान की बेवक़ूफ़ी पर है। यूरोप में देखिए कि एक–एक बुढ़िया तक तर्बियत-याफ़्ता और होशियार है। अफ़सोस अपनी तो ये कैफ़ियत है कि जहाँ किसी कमसिन ख़ुश-हाल को वक़्त से पहले मदरसा छोड़ते देखा, सीना पाश–पाश हो गया। दिल कराहने लगा। अक्सर लोगों से पूछा कि भई साहबज़ादे मदरसा क्यों छोड़ बैठे! तो जवाब यही पाया कि अक़्लीदस[8] की शक्ल से नफ़रत है। जब्र-ओ-मुक़ाबला सीखना तबीयत पर जब्र[9] करना था। तारीख़ याद किसे रहे, यहाँ तो ख़ुदा झूठ न बुलाए घर के बच्चों का नाम याद नहीं आता। इसलिए पढ़ने की दुम में नम्दा[10] बाँधा। हम भी सोचे कि कहाँ की झंझट। भई अलग भी करो, चलता धन्धा करो। और लतीफ़ा सुनिए, मदरसा छोड़ और नौकरी की फ़िक्र हुई। अमामा ऊट–पटाँग बाँधा और कचहरी में ग़ड़ाप। इस लिपटी दस्तार के क़ुर्बान और इस वहशत के सदक़े। ज़मींदार के लड़के की ये ख़्वाहिश है कि खेती को एक सिरे से अल्क़त[11] करे, कचहरी में घुसपैठ

कर दाख़िल हुए। ताजिर के साहबज़ादे को जी से लगी है कि कॉलेज से चम्पत होऊँ और कचहरी की कुर्सी पर जा डटूँ। मुतसद्दी[12] मुहर्रिर[13] मुंशियों के साहबज़ादों की तो घुट्टी ही में नौकरी है। उलमा, फ़ुज़ला, उक़ला, कमला मुअज़्ज़िज़ और अफ़सर कहते–कहते थक गए कि पढ़कर अपना–अपना पेशा करो और उसी को चमकाओ। बाबू बनने का शौक़ और अहल–ए–दफ़्तर[14] कहलाने का इश्क़ ऐसा चिढ़ाता है कि अक़्ल छप्पर पर। वहशत गले का हार होती है मगर देखिए तो सही रफ़्ता–रफ़्ता सब सीधे धड़े पर आ जाएँगे और हिन्दुस्तान में चारों तरफ़ तर्बियत-याफ़्ता ही नज़र आयेंगे।

* * *

1 बहुत फैला हुआ 2 फ़रियादी 3 कमर में बाँधने वाला पटका 4 भड़कीला, तड़क भड़क 5 दुख दर्द बाँटने वाला 6 माँ बाप अथवा गुरू का अवज्ञाकारी 7 हर्ज, संकोच 8 ज्यमिति जानने वाला 9 अत्याचार 10 मोटा कपड़ा 11 समाप्त, पृथक 12 दीवान, पेशकार 13 लिखने वाला 14 दफ़्तर के लोग

बसन्त की बहार

सवेरे ही सवेरे एक दोस्त ने आन कर मियाँ आज़ाद को उठाया।

बिगड़े दिल दोस्त – या हज़रत कुछ बसन्त की भी ख़बर है।

आज़ाद – क्या आँखों में सरसों फूली है या सावन में फूटी थीं। अरे नादान यहाँ दिल सर्द चेहरे ज़र्द। जिधर जाओ गर्द–बुर्द है। वल्लाह ये अच्छी सिफ़त है कि आप बसन्त–बसन्त पुकारते हैं। होश की दवा कीजिए।

बिगड़े दिल – वो दिल सर्द हो या चेहरा ज़र्द लेकिन आपको बसन्त की ख़बर ही नहीं।

दोनों दोस्त चले तो देखा कि हर शय ज़र्दा–ज़र्द[1] है। दरख़्त, अश्जार[2] ज़र्द, दर–ओ–दीवार ज़र्द, रंगीन कमरे ज़र्द, लिबास ज़र्द, कपड़े ज़र्द, शाहमीना की दरगाह में धूम है। तमाशाइयों का हुजूम है। जंगल में मंगल है। बसन्त की बहार है। जिसे देखो ज़र्द पोशाक पहने है। ज़ाफ़रानी दुपट्टों और

केसरी पायजामों पर अजब जोबन है।

दो–चार गुलाबी हैं तो दो–चार बसन्ती

वहाँ से तरारू भरके चौक पहुँचे

वाह जी वाह, जौहरियों की दुकान पर ऐसे ख़ुश-रंग अक़ीक़[3] हैं कि पुखराज परी देखती तो मारे ग़ैरत के हीरा खाती। और अन्दर का अखाड़ा बन जाती।

मेवा बेचने वाली ज़र्दालू, नारंगी, ज़रदक, अमरूद, चकोतरा, महताबी की बहार दिखाती है। चम्पई दुपट्टे पर इतराई है। मालिन गेन्दा, हज़ारा, ज़र्द गुलाब की बू से दिमाग़ को ख़ुशबू से बसाती है और आवाज़ दे–दे कर लुभाती है कि गेन्दे की बहार है, गले का हार है। हलवाई खोपड़े की ज़र्द बर्फ़ी, पिस्ते की ज़र्द बर्फ़ी, नान–ख़ताई, बेसन के लड्डू, मूँग के ज़र्द लड्डू, ख़्वाँचे वाले पापड़, दाल मोठ, सेव मूँग की दाल बेचते फिरते हैं।

एक–एक के दस–दस लेते हैं। अल-ग़रज़ दोनों दिल बहलाते चले जाते थे। तो देखते क्या हैं कि एक गली के नुक्कड़ पर लाला बसन्त राय का एक ख़ुश-नुमा मकान है। और उस मकान में एक ख़ुश-क़ता[4] दालान है। और उस दालान में अजीब समाँ है। बाँकी टोपियाँ जमाए, बसन्ती पगिया बाँधे, ज़ाफ़रानी लिबास फड़काए रंगीले जवान बैठे हैं। ज़र्द–ज़र्द ग़ालीचे, ज़र्द छत-पोश[5], ज़र्द झाड़, ज़र्द कँवल, ज़र्द झालर से मकान सजा–सजाया है। बसन्त पंचमी ने दर–ओ–दीवार तक तो ज़र्द-पोश बनाया है। हर एक का ज़र्द-लिबास और उस पर इत्र की बू–बास। जिसे देखो राहत–ओ–आराम में मस्त, और

तकलीफ़ आस न पास।

है खिला बाग़ में मैदान में सरसों
सेहरा वो बसन्ती है ये गुलज़ार बसन्ती

अल्लाह–अल्लाह क्या बहार है, जिस तरफ़ देखिए ज़ाफ़रान-ज़ार है। बसन्त का जोश है, ठण्डी–ठण्डी हवा की ठिठुरन। बाद–ए–बहारी के झोंके, सनासन सब्ज़े की लहक, गुल–ए–जाफ़री की महक, कलियों का चटकना, फूलों का महकना, फूलों की टहनी का मस्तानावार झूमना, पुर–मेवा दरख़्तों का ज़मीन को बार–बार चूमना, तोती की ख़ुश-बयानी, बुलबुलों की ग़ज़ल-ख़्वानी, कोयल की कू–कू सुब्हानअल्लाह–सुब्हानअल्लाह।

परिन्दे ख़ुशी के जोश में बेपर की उड़ाते हैं। ग़ुंचे सुन–सुन कर चुपके–चुपके मुस्कुराते हैं। शबनम के क़तरे हरे–हरे पत्तों पर इस तरह नमूदार हैं जैसे किसी सब्ज़पोश के हाथ में जवाहर आबदार हैं। दरख़्त फूले–फले, सर्द साँचे में ढले। फूलों से लब्रेज़ गुलचीनों की झोली है, बाग़बान की आँखों में सरसों फूली है। हौज़ आईना की सूरत साफ़, पानी बिल्लौर[6] की तरह शफ़्फ़ाफ़, रविशें साफ़, पटरियाँ सैर के नशे में मस्त कूड़े–कर्कट से पाक, रंगीले जवान ख़ुशी से चूर। लखनऊ में हर गली–कूचा ज़ाफरान-ज़ार है, क्यों न हो आख़िर बसन्त की बहार है। यूँ तो हर सम्त तबले पर थाप, सारंगी की छेड़–छाड़ और गाने का इन्तज़ाम है। मगर शाहमीना साहब की दरगाह सब में इन्तख़ाब ज़ियारत-गाह ख़ास–ओ–आम है। अल्लाहु अकबर मज़ार के चारों तरफ़ नौजवानों की वो

धूम–धाम कि जिस तरफ़ देखिए हुजूम–ए–आम है। ग़ुट के ग़ुट, जौक़[7] के जौक़ चले जाते हैं, ग़ोल के ग़ोल उमड़े आते हैं। वो भीड़–भड़क्का, वो धक्कम–धक्का, वो रेल–पेल, वो शोर–ओ–शर[8] कि अल–ईमान अल–हज़र। एक दूसरे को रेलता है, दूसरा तीसरे को धकेलता है। डोलियों पर डोलियाँ और फ़िनस[9] पर फ़िनस चली आती हैं। औरतें भी बसन्त की बहार देखने जाती हैं। एक जानिब क़व्वाल हक़्क़ानी ग़ज़लें गाने सूफ़ियों को वज्द आते हैं। किसी को हाल आया कोई आँखों में आँसू लाया। हू–हक़ का नारा बुलन्द है। गाने–बजाने का लुत्फ़ दो–चन्द है। एक सम्त अफ़ीमियों का बाज़ार, दुकानें धुआँधार। चिलम पर चिलम भरी हुई है, दम पर दम पड़ते हैं। बसन्त ने अच्छा रंग जमाया है, चण्डूबाज़ों तक को ज़ाफ़रानी बनाया है। लिबास अलग, जिस्म तक ज़ाफ़रानी हैं। बीमार दुआ माँगने आए तो वो भी यरक़ानी[10] हैं। बग्घियों की आमद–ओ–रफ़्त से वो धूल, वो ख़ाक, वो गर्द, वो ग़ुबार है कि दम लेना दुश्वार है। साँस बाहर निकलते जान चुराती है, क्यों न हो आख़िर होली ख़ाक उड़ाती आती है। इलाही जिस तरह बसन्त आया होली भी आए, क़लम जी खोलकर ख़ाक उड़ाए।

* * *

---

1 पीला-पीला 2 पेड़ 3 एक बहुमूल्य पत्थर 4 सुडौल, सजीला 5 पीले रंग का कपड़ा पहने हुए 6 चमकीला 7 भीड़, झुण्ड 8 उथल-पुथल 9 डोली 10 पीला-पीला (यरक़ानी: पीलिया)

या मज़हर–उल–अजायब हाथी मय हौद ग़ायब!

मियाँ आज़ाद एक रईस की आलीशान कोठी की तरफ़ से गुज़रे तो इत्तेफ़ाक़ से उस वक़्त रईस मौसूफ़ आलमगीर का ये फ़िक़रा पढ़ रहे थे –

(आदम ख़ूब बदस्त नमी आयद)

मियाँ आज़ाद तड़ से बोल उठे आदमी तो खाँचियाँ मिलेंगे मगर क़द्र-दान नहीं मिलते। दूर क्यों जाइए एक बन्दा दरगाह ही में मौजूद है। रईस ने इशारे से बुलाया और कहा, अच्छा आओ इधर।

आज़ाद – आता हूँ (तपंचे को चढ़ाए हुए कल पर)।

रईस – माशा-अल्लाह आप शायर भी हैं।

आज़ाद – जी और चश्म–ए–बद-दूर ईं-जनाब साहिर भी हैं।

रईस – हम सेह्र के कभी क़ायल ही नहीं हुए।

आज़ाद – बस मालूम हो गया कि आप कभी घायल ही नहीं हुए।

रईस – भई वल्लाह कितने हाज़िर जवाब हो।

आज़ाद – तुम भी बेतुके-पन में इन्तिख़ाब हो।

रईस – तुम तो गालियाँ देने लगे तो नौकरी कर चुके। बस हवा खाइए।

आज़ाद – बहुत बढ़–बढ़ कर बातें न बनाइए। यहाँ इसी बात के लाखों पाते हैं कि हर बात में तुक मिलाते हैं।

रईस – अच्छा आज से आप हमारे मुसाहिब हुए। मगर सोते–जागते हमेशा क़ाफ़िया[1] ही में जवाब लेंगे।

आज़ाद – देंगे, और बीच खेत देंगे।

थोड़ी देर बाद रईस ने बुलाया — आज़ाद।

आज़ाद – ख़ाना-ए-एहसान आबाद।

रईस – अख़ाह आप हैं।

आज़ाद – जी और नहीं तो क्या आपके बाप हैं।

रईस – मत बक फ़िज़ूल।

आज़ाद – चोंच सँभाल ना–माक़ूल।

अब सुनिए कि रईस बड़े धूम–धड़ाके से हाथी पर सवार हुए और दरिया की सैर को चले। मियाँ आज़ाद ख़वासी में बैठे हैं। हाथी दतीला मस्त मकना। जैसे ही दरिया में हाथी डाला और उसने सूँड से पानी उछाला, हौदा डाँवा-डोल होने लगा।

अब गिरे और अब गिरे।

रईस – या ख़ुदा बचाइयो।

आज़ाद – या ख़ुदा डुबाइयो।

रईस – इमाम ज़ामिन की दुहाई।

आज़ाद – आज पूरी शामत आई।

रईस – या अली मुश्किल कुशा! मुश्किल कुशाई कीजिए।

आज़ाद – ख़्वाजा ख़िज्र ज़रा हाथी का पाँव तो फिसला दीजिए।

रईस – या मज़हर-उल-अजायब

आज़ाद – हाथी हौदे समेत ग़ायब।

इतने में फ़ीलबान हाथी को निकाल लाया और रईस ने मारे ग़ुस्से के आज़ाद को धता बताया। धकेला तो ज़मीन पर आ रहे। अच्छा तुक मिलाया था, वो तो कहिए रेत न होती तो क़ाफ़िया[1] तंग हो जाता। हाथ के माथे जाती या पाँव लंग हो जाता। रईस भी सोचे कि अच्छे फ़िक़रे-बाज़ मिले। वक़्त–बे-वक़्त तुक ही मिलाने से मतलब है। हम कहते हैं या मज़हर-उल-अजायब[2], वो फ़रमाते हैं हाथी हौदे समेत ग़ायब।

* * *

---

1 तुकांत शब्द 2 चमत्कार प्रकट करने वाला (ख़ुदा)

लखनऊ का चेहलुम

मियाँ आज़ाद नूर के तड़के जो उठते हैं तो घटा–टोप अँधेरा छाया हुआ। कोई शय नज़र ही नहीं आती। सरा के बाहर आए तो चौ-तरफ़ा दल-बादल क़िब्ला की तरफ़ से झूमती हुई घटा उठी। काली घटा, घनघोर घटा, घनेरी घटा। अब्र अठखेलियों पर है। शाख़ें मस्तों की तरह झूम रही हैं। हवा इस ज़न्नाटे से चल रही है कि कलेजा लरज़ा जाता है। ख़ुश-नवा परिन्दे घोंसलों में दुबके बैठे हैं। एक दफ़ा ही बिजली चमकी और राद ने गरजना शुरू किया फिर तारीकी ने वो ज़ोर बाँधा कि काले–कोसों तक काली–काली घटा ही नज़र आती थी और ठण्डी–ठण्डी सनसन करती जाती थी।

आतिश-ए-गुल[1] का धुआँ बाम-ए-फ़लक[2] तक पहुँचा
जम गया मंज़िल-ए-ख़ुर्शीद[3] की छत में काजल
जोगिया भेस किए चर्ख़ लगाए है भभूत
या कि बैरागी है पर्बत पे बिछाए कम्बल
अब्र भी चल नहीं सकता वो अँधेरा घुप है

बर्क़ से राद ये कहता है कि लाना मशअल
जिस तरफ़ से गई बिजली फिर उधर आ न सकी
क़िला-ए-चर्ख़ में है भूल-भुलैयाँ बादल
कभी डूबी कभी उछली म्ह-ए-नूर[4] की किश्ती
बह्र-ए-अख़ज़र[5] में तलातुम[6] से पड़ी है हलचल

एक दफ़ा ही फिर दामिनी दहकी और बिजली तो अँधेरी रात में बस यही मालूम हुआ कि सोना कसौटी पर कसा गया। इतने में नन्ही–नन्ही बून्दें पड़ने लगीं।

कारे–कारे, पीरे–पीरे बदरा लिए संग

बदरा की गरज सुनत जियरा डरत बरसन को आएँ घटा कारी

मगर हवा ने फिर वो ज़ोर बाँधा कि बादल ऊपर ही ऊपर उड़न-छू हो गए, कुछ यूँ ही सी बदली थी। मियाँ आज़ाद तो लखनऊ के मुहर्रम–उल–हराम और मजालिस–ए–अज़ा की धूम–धाम पर लट्टू हो गए थे। ठान ली कि चहलुम की चहल–पहल भी देखेंगे और ज़रूर देखेंगे। रेल पर सवार होकर लखनऊ दाख़िल हो गए और वहाँ से ताल कटोरे की कर्बला पहुँचे। अल्लाह–अल्लाह जहाँ तक नज़र जाती है, बग्घियों और इक्कों और घोड़ों और हाथियों और रथ और बहल और डोलियों और फ़िनसों का ताँता लगा है। जिधर जाओ धूम, जिधर देखो हुजूम। बाँके, तिरछे, तीखे, टूड़े, गण्डे, लुक़्क़े, दो अँगुल की निक्केदार टोपियाँ आलपीन से सर पर जमाए, अँखुड़ियों में सुरमा लगाए, हाण्डी टेकते, बर्रते, एण्डते, तनते, ऐंठते, शरबती की तीन कमर तोई और ऊँची

चोली के अंगरखे फड़काते पैर जमाए जा रहे हैं। जूहे औपची बिना डण्डबल चौबल करता है। ख़ुश-बाश[7] भी पौ–क़दमे[8] जाते हैं। इधर–उधर दिल बहलाते हैं, चाण्डूबाज़ बढ़–बढ़ कर दम लगाते हैं, जब गरमाते हैं तो धुँए के बुक़्क़े उड़ाते हैं। मियाँ आज़ाद घबराए की ऐं! यहाँ भी चाण्डूख़ाना। भला चाण्डू और बाम्बू का यहाँ क्या काम है। वल्लाह कितना हुजूम है। उम्रा–ओ–रऊसा छोलदारियों, शामियानों, ख़स के बंगलों और ख़ेमों में तीन दिन से मुक़ीम थे। उम्रा की शान ही और थी, रऊसा की आन–बान ही और थी। कश्मीर का दोशाला कन्धों पर डाले कोई चाँदी की गुड़गुड़ी गुड़गुड़ाता है, कोई मुश्क-बू[9] धुँआधार पेचवान पीता है। हुक़्क़ा क्या दुल्हन है।

हुक़्क़ा नहीं असा[10] है ये मूसा के हाथ में
बेजान बोलता है मसीहा[11] के हाथ में

इतने में बाजे की आवाज़ कान में आई। लोगों ने कहना शुरू किया कि जनाब नवाब मुमताज़–उद्–दौला बहादुर का ताज़िया आता है, बड़े धूम–धड़ाके से उठा है। मियाँ आज़ाद भी एक ऊँचे टीकरे पर खड़े हो गए कि कुल कैफ़ियत देखें। अल्लाह–अल्लाह कोसों तक जुलूस है। 45 हाथी दँतीले, एक दँते, मस्त, दुम कटे। कोई ज़ंजीर को सूँड से उछालता है, कोई झूमता हुआ आता है, कोई सर पर ख़ाक डालता है। मस्तियों की धत, घोड़े चाबुकी की लत। ऊँट बिलबिलाते हैं, शुतुर-ग़म्ज़े[12] करते जाते हैं। लाहौल वला क़ुव्वत क्या भयानक जानवर है। माशाअल्लाह क्या क़ता है, ये गर्दन है या शैतान की आँत। बाजे वाले दर्दियाँ डाँटे घोड़ों पर अकड़े बैठे हैं।

दिमाग़ अर्श पर है, ज़मीन ऊपर आसमान है। ख़ाकी पल्टन के चार सौ तलंगे रप–रप करते जा रहे हैं। बरछी वरदारों की लाल–लाल वर्दी से गुल-लाला खिला था। सुर्ख़-सुर्ख़ बेर–बहूटी बने हुए बान बरदारियाँ चमकाते, फिर हरे उड़ाते बड़े धड़के से साथ हैं। बाद–ए–बहारी, शहीद–ए–कर्बला की सवारी। तम्बूरे छड़ रहे हैं। बाजे ने रंग जमाया कि राग और रागिनी ने मर्हबा का नारा सुनाया। निशान की वो आन–बान कि

अजब तेरी क़ुदरत अजब तेरी शान

कश्तियों की क़तार और उन पर गुलाब-पाश गंगा–जमुनी पर बहार। चौबदार चाँदी–सोने के असा लिए जुलूस के साथ–साथ। किसी सम्त आह–ओ–बुका[13] और बैन की सदा है। चपरासी लाल–लाल पगियाँ जमाए, हुद-हुद की सूरत बनाए, हाथ में ख़ुश-नुमा लकड़ियाँ और उनमें पीतल की फलियाँ, फिकैत गत्का लिए अकड़ रहे हैं, घाटी और छूट लड़ रहे हैं। तमाँचा दिखाया और हाथ घुमाया, बाहिरा[14] दिया और हतकटी का हाथ लगाया। गत्का सौ क़दम पर उछल गया। हाथों–हाथ सेर भर हलवा सोहन लिया। ये चमकाया, वो कड़क कर पालट का भरपूर हाथ लगाया। वाह उस्ताद इस सफ़ाई के क़ुर्बान क्यों न हो। वाह पहलवान। फिर एक दफ़ा ही तीन की दोहरी साफ़ की तो परे के परे साफ़ थे। बीच खेत गुहार लड़ते हैं, गत्के के गत्के पड़ते हैं। अब मातम-दारों का नाम लिया तो फ़रिश्तों ने अर्श को थाम लिया। ज़मीन का गहवारा डाँवाडोल था, हज़ारों का ग़ोल था और हसन और हुसैन की

सदा आसमान तक जाती थी। गिर्या–ओ–ज़ारी[15] बका-ओ-अश्क-बारी[16] और बरसों से ज़्यादा थी। हज़ारहा अज़ादार मातम करते, सीना ज़ख्मी, आँखें पुर-नम, मर्सिया-ख़्वान[17] चले जा रहे हैं।

अफ़सोस है कि माह–ए–मुहर्रम गुज़र गया
और चेहलुम-ए-इमाम दो–आलम गुज़र गया
तीसरा मिस्त्रा ग़ुल में सुन न सके
मातम रहा पे मौसम–ए–मातम गुज़र गया
इक दिन इसी तरह से ये दुनिया तमाम है
पर शाह–ए–कर्बला की अज़ा[17] ना-तमाम है
और यूँ बयान करते थे सज्जाद ख़स्ता-हाल[18]
बन्दी बनाके ले चले देखो ये बद-ख़िसाल[19]
सर नंगे बाल खोले मिरा कारवान था
सब ऊँट पर सवार थे मैं सारबान था

इतने में रेला आया तो टेप का शेर सुनना मुश्किल हो गया। उसके बाद कोई 35 ताज़िए आए। एक से एक ख़ुश-नुमा, हर एक क़ाबिल–ए–दीद। चौ-तरफ़ा अलम और सोने के पंजे और सेहरे और उनमें मोती लटकते जवाहर झलकते। फूलों की बू–बास से दिमाग़ महक गया। दुलदुल[20] सुभानल्लाह–सुभानल्लाह। कम्मियत[21] और सुरंग, सोने की दमची, गंगा–जमुनी लट्टू, ढाल निढाल। उसके बराबर तलवार लटकती हुई। चादर में ख़ून के ऐसे धब्बे जिसने अज़ादारों को ख़ून रुलाया। हर मोमिन-पाक आँसू भर लाया। बस यही मालूम होता था कि दुलदुल-सवार ने अभी ज़ख़्म खाया है। और

सलीक़ा-शिआर[22] दुलदुल उस होश-रुबा[23] की ख़बर लाया है और लड़ाई के मैदान से सीधा चला आया है। बाग एक तरफ़ कटी हुई है, हाय ये वाक़िआ भी कैसा जिगर-ख़राश[24] है। हय–हय सीना पाश–पाश[25] है। पुल पर ख़ास–ओ–आम का मजमा था।

लखनऊ की ख़ातूनों और बेगमात का बन्द गाड़ियों में हुजूम था। लोग पिले पड़ते थे चप्पे–चप्पे पर लड़ते थे। साक़नून[26] की दुकान धुआँधार एक दम में तो आसमान के पार। मियाँ आज़ाद यहाँ से भागे तो कर्बला में दम लिया। क्यों मियाँ ये क़ब्र किसकी है। एक जवान बोल उठा कि ग़म का तीर जिगर के पार है, अरे नादान ये हसू जान का मज़ार है। हय–हय। दिल ज़ख़्मी है, आँख आँसुओं से लब्रेज़ है। इधर–उधर गिलास और हाण्डियों की क़तार, बीच में मिरदंगों की बहार। क़ब्र पर ज़रबफ़्त[27] की चादर और मुक़ैयस[28] की झालर, चौतरफ़ा किरन। क़ब्र है या दुल्हन। मसहरी में मर्रियों की ज़मुर्रद[29] की सी घुण्डियाँ लगी हैं, उन सब पर ज़रबफ़्त का नमगीरा सितम ढाता है। दिल है कि उमड़ा आता है। अच्छे–अच्छे वज़ा-दार[30] इर्द–गिर्द खड़े आठ–आठ आँसू रोते हैं। एक जलसा की तरफ़ से गुज़र हुआ तो अजब गुफ़्तगू सुनने में आई।

एक साहब ने अपनी बीती वारदात यूँ सुनाई। भई क़सम है ख़ुदा की जैसे ही जंगल में पहुँचा हूँ अजब तमाशा देखा। वल्लाह? बिल्लाह! सुम्म बिल्लाह! देखता क्या हूँ कि एक शेर-बब्बर दुम फुलाता दरख़्त के साए में खड़ा डकार रहा

है और अब्बा जान की क़सम ये देखिए वल्लाह कि मुझसे और उससे कोई चार ही पाँच क़दम फ़ासला होगा। हज़रत मेरी उठती जवानी और गेण्डा बना हुआ। और भई अल्लाह गवाह है कि मैं अपनी ताक़त आज़मा भी चुका था। एक दफ़ा मकना हाथी को बढ़कर तपंचा मारता हूँ तो दुम दबाकर ये भागा वो भागा। फिर मेरा ग़ुरूर बेजा तो था नहीं। मैंने आव देखा न ताव बस शेर को एक दफ़ा ही डपट दिया। भला बे आगे क़दम बढ़ाया और मैंने भरपूर हाथ जमाया। तब तो शेर और भी ग़ुर्राया। बस इस पर मुझे भी ग़ुस्सा आ गया। फिर तो हज़रत क़सम है जनाब–ए–बारी[31] बन्दा दरगाह भी जम गए और ज़न्नाटे से बदन तौल कर विलायती का हाथ जो छोड़ा तो शेर ने त्यौरा कर मुँह मोड़ा। मैंने कहा ओ गेदी ना-माक़ूल तू शेर है या भेड़ है। ये कह कर मैं झपट पड़ा और झपटते ही मियाँ की दुम जो दबाई तो हाथ में थी। फिर भागा। मैंने ग़ुल मचाया कि ऐ ओ लण्डूरे (सोचने लगे) वल्लाह है! बढ़कर एक हाथ विलायती का दिया। सर काटती हुई पैर के बर तक पहुँच गई। इतने में मुझे ख़याल आया कि ऐं ख़ुदाया मैं मुसल्लह वो निहत्ता, ये शुजाअत[32] नहीं। फ़ौरन ख़ुदा गवाह है तलवार फेंक कर चिमट गया (फिर सोचने लगे) हाथों–हाथ दस्ती खींची और कूल्हे पर लादकर धम से ज़मीन पर दे पटका। चारों शाने चित। वो पछाड़ा। तीन दफ़ा ताल ठोंककर या अली कहकर उठा मगर अपनी जान की क़सम उस वक़्त दाद देने वाला कोई नहीं। इधर–उधर देखा सन्नाटा। इतने में जंगल के भूरे रीछ ने आकर डण्ड मल दिए।

मियाँ आज़ाद चुपके–चुपके बैठे सुन रहे थे। जब उनकी

दास्तान ख़त्म हुई तो उनकी गप पर दिल ही दिल में हँसते हुए चले कि इतना झूठ! ये रीछ का डण्ड मलना क्या माने? रीछ भी उनका कोई चचा था। और माशा-अल्लाह ऐसे करारे हैं कि शेर-बब्बर से मुक़ाबला किया। उस पर बात–बात में क़सम खाना और जनाब–ए–बारी को दरमियान में लाना। लाहौल वला क़ुव्वत।

* * *

---

1 फुल की चमक 2 आसमान के किनारे 3 सूर्य का घर (सूर्यास्त की जगह) 4 चाँद की रौशनी 5 नीला समुन्द्र 6 लहर 7 मग्न रहने वाला, बेपरवाह 8 मस्ती में चलना 9 कस्तूरी जैसी सुगन्ध 10 लाठी, डण्डा 11 इलाज करने वाला (ईसू मसीह) 12 व्यर्थ का नख़रा 13 रोना विलापना 14 कुएँ पर खड़ा (व्यक्ति) किसान 15 विलाप 16 आँसू बहाना 17 मातम 18 दीनता 19 बुरी आदत वाला 20 घोड़े का नाम 21 द्रव्य 22 शिष्टाचार 23 होश उड़ाने वाला 24 दुख दायक 25 चूर-चूर 26 सेना की वो टुकड़ी जो पीछे रहती है 27 रेशम के तारों से बुना कपड़ा 28 चमकदार 29 लाल क़ीमती पत्थर 30 सचधज वाला 31 ईश्वर 32 बहादुर

मकतब-ख़ाना

आसमान से सुब्ह के आसार ज़ाहिर हुए। उधर मियाँ आज़ाद ख़्वाब से बेदार हुए और सरा से इस तरह निकल गए ज़न से जैसे रूह बदन से, फूलों की ख़ुशबू चमन से, या बुज़दिल सिपाही रन से। शौक़ ने ऐसा गुदगुदाया कि शह-गाम जाने लगे और डपट–डपट कर क़दम बढ़ाने लगे। दोपहर को एक हरे–भरे दरख़्त के साए में बिस्तर जमाया। रोग़नी[1] रोटी और गोश्त उड़ाया। जब टाँठे हुए तो फिर कमर कसी और चलता धन्धा किया। चलते–चलते एक मकतब-ख़ाना नज़र आया। मौलवी साहब बड़े–बूढ़े, व सिन-रसीदा[2], झूठों के पीर एक खटिया पर दोज़ानू बैठे पढ़ा रहे हैं। दाढ़ी नाफ़ तक, सर मुबारक कोह–ए–क़ाफ़[3], गोल–गोल दीदे, खोपड़ी घटी–घटाई, उस पर टोपी ख़ूब जमी–जमाई, हाथ में तस्बीह[4] लिए खटखटा रहे हैं। लौण्डे इर्द–गिर्द ग़ुल[5] मचा रहे हैं। हू–हक़ की आवाज़ बुलन्द। मण्डी से भी ग़ुल–ग़पाड़ा। दह-चन्द तहज़ीब मंज़िलों दूर, अदब काफ़ूर। मगर मौलवी साहब से इस तरह

डरते हैं जैसे चूहा बिलाव से या अफ़्यून नाव से। ज़रा चितवन तीखी हुई और खलबली मच गई। सब किताबें खोले झूम—झूम कर मौलवी साहब को फुसला रहे हैं। एक शेर जो रटना शुरू किया तो बला की तरह उसको चिमट गए। मतलब तो ये है कि मौलवी साहब मुँह का खुलना और ज़ुबान का हिलना और उनका झूमना देखें। कोई पढ़े या न पढ़े इससे सरोकार नहीं। तालीम के तरीक़े से मौलाना महज़ ना-वाक़िफ़, पढ़े-लिखे भी वाजबी ही थे कुछ शुद—बुद जानते थे।

एक शागिर्द से चिलम भरवाई, दूसरे से हुक़्क़ा ताज़ा कराया। दम धागे में काम लिया, हुक़्क़ा गुड़गुड़ाया और धुँआ उड़ाया। बद क़िस्मती से कहीं हज़रत अफ़्यून के भी आदी थे। चीनी की प्याली आई। अफ़्यून घोली और नौश फ़रमाई। एक महाजन के लड़के ने बरनी मँगवाई। आपने ख़ूब डट कर चखौतियाँ कीं। जब टंगार चुके तो पनिक ने आ दबोचा। ऊँघे हुक़्क़ा ख़म हो गया, नाक में दम हो गया। गर्दन अब ज़मीन पर आई और अब ज़मीन पर आई। हुक़्क़ा ये गिरा वो गिरा। चल चल चल धम चलिए हुक़्क़ा तो चकनाचूर हो गया। दो—एक लड़कों की किताबों पर चिंगारियाँ गिरीं। अब पिनक से चौंके तो दो—चार शागिर्दों को दो हत्तड़ पीटना शुरू किया। ऐसे झल्लाए कि किसी को चपत लगाई किसी की खोपड़ी पर धप जमाई। एक के कान गरमाए, दूसरे को चपतें लगाईं। माशा-अल्लाह इस वहशत के सदक़े। पिनक में आकर ख़ुद तो हुक़्क़ा गिराया और शागिर्दों पर बे-क़ुसूर क़ुमचियाँ पड़ने लगीं। ख़ैर इतने में एक लड़का मुफ़ीद नामा लेकर क़रीब आया। बिस्मिल्ला-हिर्रहमा-निर्रहीम बिरादर साहब मज़हर-

ए-अशफ़ाक़–ओ–मेहरबानी[6] व मस्दर–ए–अख़्लाक़–ओ–क़द्रदानी[7] सल्लमहुल्लाह तआला।

तर्जुमा – बिरादर साहब जाए-ज़रूर अशफ़ाक़ों के और जाए सुदूर अख़्लाक़ों और क़द्र जानने वाले के सलामत रखे तुमको अल्लाह बरतर। ऐ सुभानल्लाह वल्लाह क्या तर्जुमे की मिट्टी पलीद की है। और तो और मज़हर का तर्जुमा (जाए ज़रूर) कितना मौज़ूँ है। मस्दर के माने जाए-सदूर लेकिन कम इस्तेदाद[8] लड़कों के लिए जाए-सदूर और मस्दर दोनों यक्साँ। और सुनिए आरज़ू–ए–मवासिलत सामी अज़-तकल्लुफ़ात दानिस्ता ब–मतलब मी गिरायद।

तर्जुमा — आरज़ू मुलाक़ात बड़ी की तकलीफ़ों से जान कर बीच मतलब के गिराता है। सुभानल्लाह क्या फ़सीह[9] तर्जुमा है। माशाअल्लाह क्या रोज़–मर्रा है। (मुलाक़ात बड़ी की) (बीच मतलब के गिराता है) लाहौल वला तर्जुमे की अच्छी टाँग तोड़ी। फिर लड़के ने कहा

वलम किशवद कुशादम चो नामा अत गोई
कलीद-ए-बाब–ए–गुलिस्तान-ए-दिलकुशाई बूद

तर्जुमा — दिल मेरा खुला, खोला जो मैंने ख़त तेरा। कहे तो कुंजी दरवाज़े बाग़ दिल खोल की थी (वाह वा वाह) और दिल्लगी सुनिए कि मौलवी साहब शागिर्द के साथ पढ़ते जाते हैं और दोनों हिलते जाते हैं। जब ये पढ़ चुके तो दूसरे साहब मीना बाज़ार बग़ल में दबाए हुए तशरीफ़ लाए।

लड़का — बिस्मिल्लाहिर्र।

मौलवी साहब — हाएँ! गाउदी नई किताब शुरू की और चराग़ी न-दारद[10], शुकराना छप्पर पर। हदिया ग़ायब[11], ग़ल्ला। जा दौड़ कर घर से दो आने ला।

लड़का — मौलवी साहब कल लेता आऊँगा। आप तो हत्थे ही पर टोक देते हैं। आप को अपनी मिठाई से मतलब है या मुफ़्त के झगड़े से।

मौलवी साहब — ये झाँसे किसी और को देना। अच्छा अपने अब्बा की क़सम खा कि कल ज़रूर लाऊँगा।

लड़का — मौलवी साहब के बड़े सर की क़सम चढ़ते चाँद तक लाऊँगा। इस पर सब लड़के हँस पड़े कि क्या हाज़िर जवाब लड़का है। क़सम भी खाई तो मौलवी साहब के सर की, और सर भी बड़ा। वल्लाह क्या ज़ुबान दराज़ है।

मौलवी साहब — चुप ना–माक़ूल मेरा सर क्या कद्दू है। अच्छा पढ़ो। बिस्मिल्लाहिर्र-रहमानिर्र-रहीम।

लड़के ने किताब शुरू की और ग़लत–सलत पढ़ा। मौलाना साहब चूँ भी नहीं करते। वो और ही फ़िक्र में हैं। मिठाई की फ़िक्र में लब बन्द हैं। सोच रहे हैं कि जो कल दो आने न लाया तो ख़ूब कोड़े फटकारूँगा। तस्मा[12] तक तो बाक़ी रखूँगा नहीं। अपने हल्वे–माण्डे से मतलब। दस–पाँच तलबा अजीब क़ता से पढ़ रहे हैं। किताबें तो सामने खुली हुई हैं मगर नज़र आसमान पर है। मुँह से ऊल–जुलूल बक रहे हैं। ख़ालिक़-ए-बारी हिफ़्ज़। मा मुक़ीमान[13] बर ज़ुबान मगर पूछ बैठे कि –

चील है दरगोश कुन गुफ़्तार मन

कहाँ लिखा है तो बग़लें झाँकने लगें। मियाँ आज़ाद उठ खड़े हुए और सीधे सरा पहुँचे।

मियाँ आज़ाद मकतब-ख़ाने की रद्दी हालत और मौलवी साहब की तालीम की तर्ज़ और लौण्डों की चिल–पों (देख–सुन कर) ऐसे तैश में आए कि अगर पाते तो मौलवी साहब को कच्चा ही खा जाते। सरा में जाते ही हज़रत ने मकतब-ख़ाने की तस्वीर खींची और फिर उसका ख़ूब ख़ाका उड़ाया। इश्तहार ये मकतब ख़ाना है या वहशत की मण्डी। जिधर देखो तो बौखलाहट के ढेर हिमाक़त[14] के तूदे। जहल की खाँचियाँ भरी हुई हैं। चिल–पों, ग़ुल–ग़पाड़ा, धूल–धप्पा, शोर–ओ–ग़ोग़ा। मालूम होता है भरी बरसात में जुग़ादरी मेंढक ग़ाँव–ग़ाँव या सेहर के वक़्त कव्वे काँव–काँव कर रहे हैं। मौलवी साहब की तालीम तर्ज़ वाह जी वाह। लिहाज़ा बन्दा दरगाह ने ये चन्द सतरें ग़ाफ़िलों की तम्बीह[15] के लिए तड़ से लिख डालीं कि फ़ायदा हो।

1– नूर के तड़के से झुटपुटे वक़्त तक लड़कों को मकतब ख़ाना में क़ैद रखना ईं-जानिब के पसन्द नहीं। दस बजे आएँ चार बजे रुख़्सत पाएँ, चलिए छुट्टी हुई। ये नहीं कि दिन भर दाँता किल-किल कि पढ़ना भी अजीरन हो जाए और ख़्वाह–म-ख़्वाह यही फ़िक्र हो कि सबक़ के दुम में मोटा सा रस्सा बाँधें और दिल खोल कर गुलछर्रे उड़ाएँ। मौलवी साहब को हवा बताएँ। मदरसा छोड़ें, पढ़ने–लिखने की हवा मरोड़ें।

2– मियाँ इस भोण्डी रविश को छोड़ो और इस भद्दे क़ायदे

से मुँह मोड़ो कि जितने लड़के हैं सबका सबक़ अलग। ख़ैर से तीस–चालीस तलबा[16] हैं। दो–दो, चार–चार, दस–दस की एक–एक जमाअत कीजिए तो क्या गुनाह है। मेहनत की मेहनत बचे। काम का काम ज़्यादा हो और फ़ायदा मुफ़्त में।

3– जिधर नज़र डालता हूँ इंशा की तालीम हो रही है। कोई इंशा–ए–ख़लीफ़ा बग़ल में दबाए है। कोई इंशा–ए–क़ैसर सान खोले बैठा है। कोई इंशा–ए–दिलकशा का सबक़ पढ़ रहा है। या दीवानों की भरमार है। कहीं दीवान–ए–उर्फ़ी कहीं दीवान–ए–बहार है। अल्लाह बस बाक़ी हवस। मियाँ साहब इतना तो सोचते कि तालीम में सिर्फ़ इंशा ही शामिल नहीं। रियाज़ी[17] में रियाज़ कीजिए, मुक़ाबला और ज़र्ब-ओ-अक़्लीदस[18] का सबक़ दीजिए। किसी घण्टे में इल्म-ए-तारीख़ लीजिए। ये नहीं कि गुलिस्तान-मा-मुक़ीमान, अताई नामा, इंशा, ख़र्द-अफ़रोज़ ही पर लट्टू हैं वाह री तालीम। मगर पढ़ाए कौन? मौलाना साहब को तो सौ तक की गिनती भी नहीं आती। अक़्लीदस की सूरत ही नहीं देखी।

4– सब लड़कों का ग़ुल मचा–मचा कर आवाज़ लगाना लचर बात महज़ फिज़ूल बिल्कुल ख़ुराफ़ात[19] है। कोई ख़्वाँचा वाला, गण्डेरी वाला, चने–परमल वाला इस तरह चिल्लाए तो मुज़ाइका नहीं। मटर–वटर, गोल गप्पे, मसालह के बैगन, मूली, तोरई लो, तरकारी लो ये तो फेरी देने वालों की सदा है। फिर मकतब को मण्डी बनाना हिमाक़त नहीं तो और क्या है। भई वल्लाह क्या तमाशा है। ये चिल–पों दाब–आदाब के ख़िलाफ़ है। हाँ किसी वक़्त आवाज़ से भी पढ़े तो ख़ैर।

5– तर्जुमे पर ख़ुदा की मार, शैतान की फटकार। जाता हूँ बीच एक बाग़ के, वास्ते लाने अच्छी ख़बरों के। लाहौल वला। लाहौल वला। मैंने देखा मैंने तो जाना है तो। ऐ वाह क्या तू–तू मैं–मैं है छुरी गर्दन पर। मौलाना वास्ते ख़ुदा के ज़रा तर्जुमा तो फ़सीह बताया करो वरना लड़कों का रोज़-मर्रा[20] साफ़ हो चुका। तर्जुमे में उर्दूपन तो पाया जाए। ये तो न कि कोई आवाज़ा कसे की पश्तो में भीख माँग रहे हैं। फ़िक़रे चुस्त हों, लफ़्ज़ दुरुस्त हों। मुहावरात दिल-नशीन सीखें, आदमी बनें। ये नहीं कि ऊल–जलूल तर्जुमा करके ज़ुबान ही ख़राब हो जाए।

6– पढ़ते वक़्त लड़कों का हिलना ऐब है। मगर कहें किस से! मौलवी साहब तो ख़ुद झूमने लगते हैं।

7– ये नाक से गुनगुनाने के क्या माने? मदक-ख़ाना है या मकतब-ख़ाना। माक़ूल। जिस लड़के को देखो वो ग़लत तलफ़्फ़ुज़[21] कर रहा है।

8– मतलब–मतलब मत्न पढ़ो, ऐण्डा–बेण्डा तर्जुमा करो मगर समझ ख़ाक नहीं। समझे और पत्थर के हुए। मौलाना ज़रा दिल में सोचते तो कि जब तालिब-ए-इल्म मतलब न समझेगा तो उसको फ़ायदा क्या ख़ाक होगा। पढ़ाओ चाहे कम मगर मतलब ज़्यादा बताओ। इम्ला रोज़ लिखाओ, हिज्जे ज़रूर पूछो।

9– सबक़ को हिफ्ज़ रटाना भी बेवक़ूफ़ी की निशानी है। किताब बन्द की और फ़र–फ़र दस सफ़हे सुना दिए। ख़ैर हाफ़िज़ा ही ने क़ुव्वत पाई सही मगर सितम ये है कि फिर तोते की तरह हक़-उल्लाह के सिवा कुछ याद नहीं रहता। मतलब

पर नज़र ही नहीं डालते। मुद्दआ से सरोकार ही नहीं रखते। और तुर्रा ये कि अगर पूछ बैठे फ़ुलाँ शेर कहाँ है तो लगें बग़लें झाँकने और मुँह ताकने। मौलवी साहब ने सतर बता दी वो लड़के ने थोड़ी देर में हिफ़्ज़[22] कर ली। अब अगर पूछे कि हिफ़्ज़ (गुफ़्तम) कहाँ है तो उनकी बला जाने। उन्होंने कल फ़िक़रा याद कर लिया मगर हर्फ़ पहचानना नहीं आता। ऐ लाहौल। ऐ लाहौल।

10– उर्दू से फ़ारसी और फ़ारसी से उर्दू में तर्जुमा रोज़ लिखना चाहिए वरना फिर यही होता है कि मौलाना तो बन गए लेकिन एक सत्र नहीं लिख सकते।

11– कम इस्तेदाद तलबा को अक्सर मुश्किल किताबें पढ़ाई जाती हैं। माशा-अल्लाह क्या तालीम है। ज़रा से टट्टू पर जब दो हाथियों का बोझ लादोगे तो टट्टू बेचारा आँखें माँगने लगेगा या नहीं। मासूम बच्चा और पढ़े सिकन्दर नामा। वाह री अक़्ल चारा, ख़शीज[23] का तलफ़्फ़ुज़ उसके पैर से भी न हो सके भला मुनाजात का मतलब वो क्या समझे।

12– लड़के को इब्तिदा ही से फ़ारसी पढ़ाना उसका ज़ेहन कुन्द करना है। पहले उर्दू पढ़ाइए, जब इसमें उबूर[24] हो तो बिस्मिल्लाह फ़ारसी सही। मगर इब्तिदा ही से करीमा या मा-मुक़ीमा पढ़ाना उसकी मिट्टी-पलीद[25] करना है। इब्तेदा में फ़ारसी की ऐसी किताबें पढ़ानी चाहिए जो सहल हों, जिनमें उम्दा मुहावरे हों, लफ़्ज़ मुश्किल न हों।

13– मौलवी साहब बच्चों से चिलम भरवाना हुक़्क़ा ताज़ा कराना छोड़ दें। इसके एवज़ उनको निशस्त बर्ख़ास्त के

क़ायदे, अदब और तहज़ीब सिखाएँ।

14– अफ़्यूनी मौलवी छप्पर पर रखे जाएँ। मौलवी ने अफ़्यूनी खाई और लड़कों की शामत आई। वो पिनक में झूमा करेंगे, लड़के इधर–उधर घूमा करेंगे। —

कस-नमी-पुर्सद[26] कि भइया कौन है

ये इश्तेहार जली क़लम से लिख कर मियाँ आज़ाद रातों–रात मकतब के दरवाज़े पर चिपका आए और झट से नक़ल करके शहर के तीन–चार मशहूर मुक़ामात पर भी चिपका दिया और सरा में लम्बी तान कर सो रहे।

मियाँ आज़ाद फिर आप जानिए एक दिल्लगी-बाज़ आदमी। मकतब-ख़ाना का ख़ाका उड़ा कर, जगह–जगह मौलवी साहब का आमाल-नामा[27] चिपका कर चम्पत हुए। दूसरे रोज़ गाँव वालों को शगूफ़ा हाथ आया। हर इश्तेहार के पास ठट के ठट जमा। ग़ुट के ग़ुट पिले पड़ते हैं। जिसे देखो क़हक़हा उड़ाता है। लोटन कबूतर हुआ जाता है। भई वल्लाह किसी बड़े ही फ़िक़रे-बाज़ का काम है। अच्छी–अच्छी फब्तियाँ कहीं, ख़ूब आवाज़े कसे और मौलवी बेचारे को तो ले ही डाला। क्या गर्मा–गर्म फ़िक़रे हैं।

मकतब ख़ाने में लड़कों के चेहरे गुलनार हो गए, बाँधे खिली जाती थीं। हात तेरे की। रोज़ बच्चा जी क़ुमचियाँ जमाते थे, चपतें लगाते थे। अफ़्यून घोली और सर पर शेख़ सद्दू सवार। दो हत्थड़ पीटना शुरू किया। किसी के कान गरमाए, किसी के सर पर धप लगाई, जो बोला उसकी शामत आई,

ख़ूब पचतियाँ उड़ाईं। अब आटे–दाल का भाव मालूम होगा। मौलवी साहब तशरीफ़ का बुक्चा लाए तो देखते हैं कि —

कुछ और ही गुल खिला हुआ है

लड़के कहना नहीं मानते। मौलवी साहब कहते हैं किताब खोलो, लड़के जवाब देते हैं बस मुँह बन्द करो। फ़रमाया दूर हो। यहाँ से उठ जा। जवाब पाया कि चुप–चाप बैठा रह। फ़रमाया कि अब बोला तो हम बिगड़ जाएँगे। शागिर्दों ने कहा हम ख़ूब बनाएँगे। तब तो झल्लाए और डपट कर फ़रमाया कि मैं बड़ा गरम मिज़ाज हूँ। एक ज़बान-दराज़[28] ने मुस्कुरा कर कहा (फिर हम ठण्डा बनाएँगे) दूसरा बोला (क़िब्ला अगर आप गरम हैं तो बर्फ़िसतान में बिस्तर जमाइए) तीसरे हाज़िर जवाब ने कहा (गरम मिज़ाजी तो ख़ैर मगर दिमाग़ पर अलबत्ता गर्मी चढ़ गई है) बाहर की तरफ़ नज़र डाली तो देखा कि जोक़–जोक़ तमाशाई, बाज़ारी, सफ़ेद पोश, ख़ुश-बाश, गँवार खड़े क़हक़हे उड़ा रहे हैं।

बाहर गए तो इश्तेहार नज़र आया। पढ़ा तो अर्क़–अर्क़[29] हो गए। दिल ही दिल में लिखने वाले को गालियाँ देने लगे। पाऊँ तो कच्चा ही खा जाऊँ। इतने डण्डे लगाऊँ कि बच्चा जी छठी का दूध याद करें। मरदूद ने कैसा ख़ाका उड़ाया और कच्चा चिट्ठा लिख मारा। ये जभी लड़के ढीट हो गए। मैं कहता हूँ आम वो कहते हैं इमली। अब इज़्ज़त डूबी जान ही पर बन आई। मकतब ख़ाने में धँस पड़ूँ तो ख़ौफ़ है ऐसा न हो लौण्डे रोज़ की कसर निकालें और अंजर–पंजर ढीले कर दें। भाग जाऊँ तो रोटियों के लाले पड़ें। खाऊँ क्या अंगारे! न

इधर के रहे न उधर के रहे। बड़ी बुरी हुई। अल-ग़रज़ ठान ली कि बोरिया–बधना छोड़ो, मुल्लागीरी से मुँह मोड़ो, चलता धन्धा करो। भागे तो घर पर दम लिया। लड़कों ने जो देखा कि मौलवी साहब पट्टा तोड़ भागे जाते हैं तो जूतियाँ बग़ल में दबा, पाएँचे चढ़ा, तख्तियाँ और बस्ते दबा, दवातें सँभाल दुम के पीछे चले। लड़कों की फ़ौज देखी तो यार लोग क्या चे–मी-गोइयाँ[30] करते हैं —

एक — अरे मियाँ ये भागा कौन जाता है बगटुट।

दूसरा — शैतान रोज़ बच्चों को बहकाते थे अब चढ़ गए लड़कों के दाव पर। भई इनसे शैतान ने भी पनाह माँगी। देखो न क्या भीगी बिल्ली बने दुम दबाए भागे जाते हैं। लाहौल वला।

अब सुनिए कि क़स्बे भर में खलबली मच गई। अजी ऐसे मकतब की ऐसी–तैसी। पढ़ाने की दुम में नम्दा। बरसों से लौण्डे पढ़ते हैं एक हर्फ़ न आया। लड़कों की मिट्टी पलीद की। पढ़ाना–लिखाना ख़ैर सल्ला, चिलमें भरवाया किए। सब ने मिलकर एक कमेटी की कि एक जलसा में मौलवी साहब का इम्तेहान लिया जाए और ढिंढोरा हो कि जिन साहब ने ये इश्तेहार लिखा है वो ज़रूर क़दम रंजा फ़रमाएँ। इज़्ज़त बख़्शीश, रुतबा बढ़ाएँ। ढिंढोरिया क़स्बे भर में कहता फिरा कि ख़ल्क़-ए-ख़ुदा[31] की, मुल्क सरकार का, हुक्म प्रेसिडेण्ट बहादुर का कि आज नीब टोले में एक कमेटी होगी। मौलवी साहब जो लड़कों को पढ़ाते हैं उनका काम तमाम किया जाएगा और इम्तेहान लिया जाएगा। जिसने इश्तहार लिखा है

वो भी हाज़िर हो। कड़म–धम। कड़म–धम।

मियाँ आज़ाद ने जो ये हाँक सुनी तो बहुत ख़ुश हुए। ओहो हो हो हो। मौलवी साहब की क़लई ख़ूब खोलेंगे। हवा के झोंके की तरह सन से कमेटी में दाख़िल और ग़ड़ाप महफ़िल में शरीक हुए। जब दो–तीन सौ आदमी अनाली, मवाली, डोम, डफ़ाली, ऐरा–ग़ैरा, नत्थू–ख़ैरा, हलवाई, नानबाई, ख़ुश-बाश, अय्याश सब जमा हुए तो साहब प्रेसिडेण्ट जलसा ने फ़रमाया।

साहब आज आपको इस ग़रज़ से तकलीफ़ दी गई कि मौलवी साहब की ख़बर ली जाए। मौलवी साहब अर्सा[32] से बैठे टुकड़े उड़ाया किए और लड़कों को वाही–तबाही सबक़ पढ़ाया किए। ऊट–पटाँग अनाप–शनाप बताया किए। अब उनका इम्तेहान लिया जाए। पूरे उतरें तो ख़ैर वरना अलक़त[33]।

एक मेंबर ने कहा हज़रत ये तो सब कुछ है मगर मौलवी साहब इस वक़्त नहीं हैं। एक तरफ़ा डिग्री न दीजिए। वो आएँ तो पहले इम्तेहान लीजिए मगर ये न कीजिएगा कि उनको कच्चा चिट्ठा लिख भेजिए। फिर तो वो कभी न आएँगे। हम एक तदबीर बताएँ जो दौड़े न आएँ तो मूँछ मुँडवा डालूँ, हाथ क़लम करवा लूँ। कहला भेजिए कि ज़ैद बकर ख़ालिद किसी के यहाँ शादी है निकाह पढ़ने के लिए अभी बुलाते हैं। सब लोगों ने कहा ख़ूब सूझी, दूर की सूझी। वल्लाह! अच्छी सूझी। आदमी गया दरवाज़े पर आवाज़ दी। मौलवी साहब! मौलवी साहब! अजी मौलवी साहब! होत अरे क्या मर गए? इस घर में कोई है! या सब को साँप सूँघ गया। अजी मौलवी साहब इलाही तौबा चीख़ते–चीख़ते गला सूख गया। दरवाज़ा

धमधमाया, कुण्डी खड़खड़ाई मगर जवाब न-दारद। तब तो आदमी ने झल्ला कर पत्थर फेंकने शुरू किए और दो–एक मौलवी साहब के सर मुबारक पर भी पड़े।

मौलवी साहब — कौन है? अरे भई कौन है!

आदमी ने कहा शुक्र है आप ज़िन्दा तो हुए। मैं समझा था कि गोरकन[34] की बन आई मगर आपने मौत को भी हवा बताई। चलिए अग़ल ख़ान के यहाँ अक़्द है। निकाह पढ़ दीजिए। अभी बुलाया है। निकाह का लफ़्ज़ सुनते ही मौलाना ख़मीरी रोटी की तरह फूल गए। अंगरखे का बन्द तड़ से टूट गया और कफ़न फाड़ कर चिल्ला उठे (आया ठहरे रहो। अभी आया) बड़ा सा अमामा खोपड़ी पर जमा, पैरहन[35] डाँट, अक़ीक़[36] का कण्ठा हाथ में ले, सुरमा लगा घर से चले। आदमी साथ है दिल ही दिल में कहते जाते हैं कि आज पौ-बारह है। बढ़ कर मारा है। अब लम्बे–लम्बे डग भरते आदमी से पूछते जाते हैं कि क्यों मियाँ अब कितनी दूर मकान है। क्यों भई पास है न देखें निकाह ख़्वानी का क्या मिलता है। सवा रुपया तो मामूल ही है। मगर ख़ुदा ने चाहा बहुत कुछ ले मरूँगा। आदमी पीछे–पीछे हँसता जाता है कि मियाँ हैं किस ख़याल में। कहीं फूल के एवज़ ख़ार न पाएँ। आख़िर ख़ुदा–ख़ुदा करके वो मंज़िल तय हुई। मकान में आए तो होश उड़ गए। ऐं! ये अच्छा ब्याह है। ख़ुदा की पनाह है भला यहाँ कैसा ब्याह है। न ढोल न शहनाई हमारी शामत आई। चोर निगाह से इधर–उधर देखते हैं। अक़्ल दंग कि ख़ुदाया ये सब के सब हमीं को क्यों घूर रहे हैं। इतने में प्रेसिडेण्ट जलसा ने

कहा कि जिन साहब ने इश्तेहार लिखा था वो अगर जलसा में मौजूद हों तो वो मेहरबानी करके कुछ फ़रमाएँ।

मियाँ आज़ाद — हज़रात एक रोज़ मैं रात को बिस्तर में लेटा था कि ख़्वाब में एक मकतब नज़र आया। पहले मौलवी साहब की क़ता सुनिए शरबती आँखें, गोल–गोल दीदे, फूले–फूले गाल, भूरे–भूरे बाल, लाल दाढ़ी ख़रगोश की झाड़ी नाफ़ तक मालूम होता था कि चोरी निगल गए हैं। नीली लुंगी कसे, अफ़्यून की ख़ुशबू में बसे, पिनक में ओंग रहे हैं, या मिठाई टोंग रहे हैं। पढ़ाने से जी चुराते हैं, पनिक से चौंकते ही लौण्डो पर चपतें जमाते हैं और सलवातें सुनाते हैं। तर्ज़–ए–तालीम[36] से महज़ ना-वाक़िफ़ और क्योंकर न हों। मुअल्लमी ख़ाला जी का घर नहीं कि सर घुटाया और मुल्ला बन गए। चोरी निगली और पीर जी बन बैठे। कण्ठा लिया और लगे बुड़बुड़ाने या करीम, या रहीम, या अल्लाह।

इतने में मौलवी साहब भागने ही को थे कि लोगों ने टँगड़ी ली। एक ने आण्टी बताई तो फट से ज़मीन पर आ रहे। या अली अच्छे फँसे ख़ूब अक़्द[37] बँधा। ये भेद अब खुला। बना–बनाया घर अब बिगड़ गया। मुफ़्त में उल्लू बने। ये सब हमीं पर हो रही है। ख़ैर अब तो ओखली में सर दिया तो मूसलों का ख़ौफ़ क्या। मियाँ आज़ाद ने फिर लेक्चर शुरू किया।

मियाँ आज़ाद — मौलवी साहब को किसी मक़बरे का मुजाविर या कहीं का तकिया-दार कर दीजिए तो ख़ैर। ख़ूब बैठे टुकड़े उड़ाएँ, खाएँ और डण्ड पेलें और ख़म ठोकें। चपड़ी और दूदू ये मकतब-ख़ाने में उल्लू का दसहरा इनको

किसने बना दिया। लड़कों की कैफ़ियत सुनिए कि दिन भर गुल्ली–डण्डा खेला करते हैं, लड़ते हैं और डण्ड पेला करते हैं मगर अलिफ़ के नाम बे नहीं जानते। हर्फ़ तक नहीं पहचानते। युसुफ़–ज़ुलेख़ा हिफ़्ज़ है मगर (ज़ुलेख़ा औरत थी या मर्द थी) गुलिस्तान नोक-ए-ज़ुबान लेकिन हिक़ायत के क्या माने हैं। सिकन्दर-नामा रट लिया। ज़रा पूछिए कि ख़ुदाया में अलिफ़ कैसा है तो बग़लें झाँकने लगें। दिन भर में अठारह मर्तबा यही गुफ़्तगू कि मौलवी साहब देखिए ये हमारी नाक पकड़ता है, मौलवी साहब ये हमसे लड़ता है। मौलवी साहब अब शाम हुई छुट्टी दीजिए। मौलवी साहब सबक़ सुन लीजिए। मौलवी साहब ऐसी नहीं सुना करते, इन बातों में सर नहीं धुना करते। पढ़ो तो वाह–वाह न पढ़ो तो वाह–वाह मगर मिलते जाओ और ऐसा ग़ुल मचाओ कि कान पड़े आवाज़ सुनाई न दे उसमें चाहे जो कुछ ऊल–जलूल बको। अलिफ़ बे नगाड़ा, मियाँ जी को चने के खेत में पछाड़ा। इतने में मौलवी साहब फिर रस्सी तोड़ा कर भागने लगे। लेना–लेना जाने न देना। वाह अच्छा निकाह है। गए थे रोज़े बख़्शाने नमाज़ गले पड़ी। वाह मेरे उल्टी के सुनने वाले। माँगी थी निकाही, पड़ी तबाही, या इलाही। वाह भई अग़ल ख़ान तुम तो बग़ली घूँसे निकले।

मियाँ आज़ाद — आज ही तो पंजे में फँसे हो रोज़ तोन्द निकाले बैठे रहा करते थे जैसे पन-चक्की का दतबा या गाव तकिया बग़ल में, ये तोन्द है या बेईमान की क़ब्र या ग़ुब्बारा या हवा का तकिया अब पिचक न जाए तो सही। और सुनिए लड़कों में फ़रामोश बदी गई है। क़लम दिया और फ़रामोश। दो पैसे हुए, दवात दी और वो कहते जाते हैं कि याद है याद

है। चलिए सबक़ भूल गए फ़रामोश अलबत्ता याद है और क्यों न हो उनका उस्ताद भी तो बेवक़ूफ़ है। शैतान ने मौलवी साहब को ये पट्टी पढ़ा दी है कि लड़के को लफ़्ज़ बताए जाओ ख़ुद हिज्जे करके वो एक लफ़्ज़ न कहे। फिर लड़का को दिन न हो तो क्या हो और तर्जुमा तो अल्लाह ही अल्लाह है। तूई के माने तू है तू। मिनम के माने मैं हूँ मैं और मुहावरात बिल्कुल देहाती। ख़ुदा जाने कहाँ का गँवार बिठा दिया है। उसको तो हुमायूँ के मक़बरे में मुजाविर या हज़रत अब्बास की दरगाह का सक़्क़ा[38] बनाओ।

अल-ग़रज़ कल सुब्ह को इन हज़रात का इम्तेहान लिया जाए तो क़लई खुल जाए। कुल हाज़िरीन ने मियाँ आज़ाद की पीठ ठोकी और डण्ड मल दिए कि वाह उस्ताद क्या कहना है।

मौलवी साहब — मियाँ आज़ाद बड़े शैतान हैं।

आज़ाद — ऐ हज़रत ये आप अपनी तारीफ़ कर रहे हैं। बन्दा किस लायक़ है बड़े तो हुज़ूर हैं। हक़ यूँ है कि आप लंगूर हैं। मगर हैरत है कि ये ठोड़ी से दुम की कोपल क्योंकर फूटी? लोगों ने ठान ली कि कल चाहे ओले पड़ें, चाहे कड़कड़ाती धूप हो, चाहे भूँचाल आए, जो हो हम आएँगे और ज़रूर आएँगे। मौलवी साहब से ताकीद[38] की गई कि हज़रत कल न आइएगा तो यहाँ रहना मुश्किल हो जाएगा। दिल में तो सबकी सूरत से नफ़रत थी और चेहरा भी उतर गया था मगर बहुत कड़क कर फ़रमाया कि—

हम और न आएँ अनहोनी बात है। हम और मुँह छुपाएँ

ये मुहाल है। अजी आएँ और बीच खेत आएँ और डंके की चोट आएँ। हम क्या कोई चोर हैं या किसी का माल मारा है। आज़ाद तो क्या बेचारा है। हम ऐसे–वैसे नहीं कि फिसड्डी हो जाएँ। आएँ और सर-ए-ख़ुद हो जाएँ। जिसे देखो मौलवी साहब ही की तरफ़ नज़र है। छोटे–बड़े सब हज़रत ही को ताक रहे हैं। जलसा बर्ख़ास्त।

* * *

---

1 तेल में बना हुआ 2 वयो वृद्ध 3 वह स्थान जहाँ पहुँचना संभव नहीं 4 जाप माला 5 हंगामा 6 दया का केन्द्र 7 शिष्टाचार और सराहना का स्रोत 8 योग्यता 9 सुन्दर रचना अथवा बोल 10 ग़ायब, अनुपुलब्ध 11 दाम, क़ीमत 12 चमड़े या घागे की डोरी 13 प्रवासी 14 मूर्खता 15 डाँटना 16 विद्यार्थी 17 गणित 18 गुण एवं अंक गणित 19 उपद्रव 20 दिनचर्या 21 उच्चरण 22 कण्ठस्थ 23 पंचतत्व 24 फलाँगना 25 पेशाब उतर जाना 26 कोई नहीं पूछता 27 कर्मों का बही-खाता 28 असभ्य भाषा बोलने वाला 29 पानी-पानी 30 काना-फूसी 31 ख़ुदा की दुनिया 32 समय 33 अलग करना 34 क़ब्र खोदने वाा 35 पहनावा 36 शिक्षा पद्धति 37 निकाह 38 हिदायत, चेतावनाा

मौलवी साहब की ख़राबी

मौलवी साहब के हवास ग़ायब। आवाज़ों का छर्रा ऐसा चला कि जल–भुन के ख़ाक हो गए मगर बेहया की बला दूर। और भी पाक–बेबाक हुए। दिल ही दिल में करोड़ों सलवातें सुनाईं, लाखों गालियाँ याद आईं। लगे पानी पी–पी कर कोसने। उस मलऊन[1] पर ग़ाज़ पड़े, उसकी ज़ुबान सड़े, मुँह फूल जाए, सारी चौकड़ियाँ भूल जाए, आसमान से अंगारे बरसें। मियाँ आज़ाद ऐसी जगह मरें जहाँ पानी न मिले, बूँद–बूँद को तरसें। ताऊन चट कर जाए, इंजन के नीचे दब कर मरे, हाथी रौन्द डाले, हैज़ा खाए। ख़ैर इनकी तो ख़ुदा सुन चुका। ऐसे–ऐसे मदारी मियाँ आज़ाद ने बहुत चंगे किए थे। सदहा गँवारों, रंगे सियारों के धरे किए थे। दूसरे रोज़ नीब टोले में अहाली–मवाली, दुनी–काली, कुंजड़े–माली, शरीफ़–नजीब, मुंशी–तबीब, अनपढ़, तालीम याफ़्ता हर पेशा के आदमी पौ फटते ही आन मौजूद हुए। मगर मौलाना ऐसे ग़ायब हुए जैसे गधे के सर से सींग। आख़िर लोग समझा–बुझा

कर, सर सहलाते, भेजा खाते, सब्ज़ बाग़ दिखाते घसीट ही लाए। आइए आइए। मौलवी साहब आइए। मकतब के लड़के भी डटे बैठे थे, मगर मौलवी साहब से ज़रा हटे बैठे थे कि ऐसा न हो शेख़ सद्दू सवार हो तो मुफ़्त में तकरार हो।

मियाँ आज़ाद — क्यों मौलवी साहब किस फ़िक्र में हो?

मौलवी साहब — सोचता हूँ कि अब कौन चाल चलूँ। तुमने तो ज़च कर दिया वल्लाह रुख़ फिर गए। सोच लिए हैं कि अब मुल्लागिरी छोड़ प्यादों में नौकरी करेंगे। बस वतन से जाएँगे तो फिर लौट कर घर न आएँगे। फ़िक्र के मैदान में ख़ूब घोड़े दौड़ाएँगे। रईस, अमीर, बादशाह, वज़ीर सब पर मुसीबत पड़ती है फिर हमारी बिसात क्या। चार ख़ाने का पैरहन नहीं गाढ़े की मिर्ज़ई सही। चाहे कोई तोप के मोहरे उड़ा दे तुमको हम सलवातें ज़रूर सुनाएँगे। तुम ने हम से दग़ा की। हैरान हूँ कि करूँ तो क्या करूँ। अब नक़्शा जमना मुहाल[2] है। हम निरे अनाड़ी ठैरे।

मियाँ आज़ाद — आप लाख चंग पर चढ़ाइए हम झाँसे में न आएँगे। ये चकमा किसी और को दीजिए।

मौलवी साहब — चकमा! चकमे की एक ही हुई, ये अजब तरह की बात है। मैं हुज़ूर का ग़ुलाम आप मेरे सरताज। सर-ए-मुबारक की क़सम इधर आफ़ताब निकला उधर हम ने मकतब का रास्ता लिया। दिन भर वर्क़-गर्दानी[3] की। मजाल क्या कि शागिर्द खेल में मसरूफ़ हों। बोला और मैंने टीप जमाई, खेला और शामत आई। समझ–बूझ कर चलता था। इक्का–दुक्का मकतब में खिलौना–विलौना लाया और मैंने

अंगीठी में सोख़्त कर दिया। मगर मेरी सुनता कौन है।

प्रेसिडेण्ट — अजी इस दाँता किलकिल से क्या वास्ता। मौलवी साहब का इम्तेहान लीजिए, सवाल कीजिए।

मियाँ आज़ाद वल्लाह–बिल्लाह कह कर खड़े हुए। अब मौलवी साहब की बौखलाहट का हाल न पूछिए। रंग फ़क़, ख़ासे हवन्नक़, कलेजा शक़, याद–ए–मौला, याद–ए–हक़, आँखें पुर-नम[4], कमर ख़म[5], अश्क-बार, बेक़रार, मुँह पर हवाइयाँ छूट रही हैं। कलेजा धक–धक करता है, हाथ काँपने लगे। खड़े तो हुए मगर क़दम न जमा, पाँव डगमगाए, ये गिरे, वो लड़खड़ाए। औसान ख़ता, हवास ग़ायब। होश सपाटों की सैर कर रहे हैं। बिला इजाज़त ग़ायब। गोल–गोल दीदे चमका कर और तोन्द मटका कर कुछ कहने ही को थे कि वहशत ने गला दबोचा। घिग्घी बँध गई।

हाय इम्तेहान देना तो लोहे के चने चबाना है, अंगारे खाना है। नाम सुना और हवास पतीरा मियाँ आज़ाद ने सवालात शुरू किए।

सवाल — ये अशआर किस बह्र में हैं?

> पूछो हाल मिरा मैं वो दस्ती मशअल हूँ
> कि जिसके हाथ पड़ा ले चला जलाए हुए

मौलवी साहब — बह्र में आप ही ग़ोते खाइए और ख़ुदा करे डूब जाइए। थाह ख़ाक पाइए। वल्लाह मेरा तो क़ाफ़िया तंग है, अक़्ल दंग है। कोई यार न ग़म-गुसार[6]। जिसे देखो हमीं पर शेर है। बिजली बनकर जलाने को तैयार है। ना-माक़ूल इतना

नहीं समझते कि हम मौलवी आदमी लौण्डे पढ़ाना जानें, या शायरी। शेर–ओ–सुख़न का ज़ौक़ कहाँ, तुकबन्दी का शौक़ कहाँ। बह्र से वास्ता, क़ाफ़िये से सरोकार, नज़्म से मतलब। आए वहाँ से बह्र पूछने। मैं ख़ुद इल्म–ओ–फ़ज़्ल का बह्र हूँ। वो समुन्दर जिसका ओर न छोर, साहिल का पता नहीं।

सवाल —

बे-शुनो-अज़ नय चूँ हिक़ायत मी कुनद
व-ज़े जुदाई-हा शिकायत मी कुनद
कज़ नीसताँ ता-मुरा ब-बरीदह अन्द
अज़ नफ़ीरम मर्द-ओ-ज़न नालीदा अन्द

इस शेर के माने बताइए।

मौलवी साहब — (बेंच पर दोज़ानू बैठ कर) ये मौलवी मानवी साहब का कलाम है। साक़ी चिलम फ़रोश की क़सम वो धुआँधार माने उड़ाऊँ कि आसमान तक लौ पहुँचाऊँ। ले अब सुनिए नय इबारत है चाण्डू की नय से। इस से एक तारीख़ी बात याद रखने के क़ाबिल है कि मौलवी मानवी के वक़्त में भी अफ़्यून की गरम बाज़ारी थी और चाण्डू-बाज़ी भी जारी थी। निस्तान मुराद है उस गुलज़ार सरापा बहार से जहाँ चाण्डू की नय का जंगल है और चाण्डू-बाज़ों का दंगल है। नफ़ीर के लफ़्ज़ी माने पैन–पैन हैं मगर चाण्डू-बाज़ नफ़ीर उस आवाज़ को कहते हैं जो चाण्डू पीते वक़्त मुँह से निकले। धक–धक भक–भक।

सवाल — बकरी की पिछली टाँगों को फ़ारसी में क्या कहते हैं?

मौलवी साहब — ये किसी अपने भाई—बन्द बुज़-क़स्साब से पूछिए बन्दा छीछड़े खाए न जाने। वाह अच्छा सवाल है। अब मुल्लाओं को बुज़-क़स्साबों की शागिर्दी भी करनी चाहिए। क्या दिल—गुर्दा है। पाऊँ तो बोटियाँ ही नोच खाऊँ और ऐसा पछाड़ूँ कि बहुत बढ़—बढ़ कर बातें बनाना भूल जाओ। बकरी की माँ कब तक ख़ैर मनाएगी? एक दिन छुरी गर्दन पर ज़रूर फिर जाएगी।

सवाल — हिन्दुस्तान के शुमाल[7] में कौन मुल्क है?

मौलवी साहब — ख़ुदा जाने मैं क्या देखने गया था या आप की तरह मैं भी गली—गली रोता फिरता हूँ।

सवाल — सबसे बड़ा दरिया हिन्दुस्तान में कौन है?

मौलवी साहब — फ़ुरात। नहीं। वो देखिए लाहौल वला क़ुव्वत भूला जाता हूँ। तौबा। अजी वही। दजला वजला। ख़ूब याद आया।

हिज़ार-ए-जलसा — इस याद पर पत्थर पड़ें। फ़ुरात और दजला हिन्दुस्तान में हैं। वाह—वाह रे गाउदी। अच्छी उल्टी गंगा बहाई। ले चलो फिर पानी में डूब मरो। मुअल्लमी करते हो और इतना नहीं जानते कि फ़ुरात कहाँ है लाहौल वला।

सवाल — ज़लज़ले के असबाब[8] और चाँद के घटने—बढ़ने का सबब बताओ।

मौलवी साहब — वाह क्या ख़ूब ख़ुदाई में दख़्ल दूँ। एक फ़्रीमेसन (फ़्रीमेसन) तो किसी की समझ में आता ही नहीं फिर भला ये कौन जाने की ज़लज़ला क्योंकर आता है। ज़मीन में

किसी तरह हलचल मच जाती है। ये भेद ख़ुदा ही जाने। बाक़ी बातें हैं। हम इन ढकोसलों के क़ायल नहीं। बाक़ी रहा चाँद का घटना–बढ़ना और उसका सबब तो हज़रत सबब यही है कि ख़ुदा का हुक्म है। बन्दे को दख़्ल क्या इन क़ुदरती बातों का कुछ सबब भी हुआ करता है।

सवाल — बारिश क्योंकर होती है, ये पानी कहाँ से आता है?

मौलवी साहब — (ख़ूब अकड़ कर) हाँ देखिए अब सीधे ढर्रे पर आए न, बारिश क्योंकर होती है और पानी कहाँ से आता है। ये तो हमारी दादीजान तक को मालूम था, ख़ुदा बख़्शे बेचारी को। सुनिए न कि बादल तालाबों, डिबरों, चश्मों, हौज़ों, कुँओं, दरियाओं, नदियों, गड़हों, बद-रूओं, समुन्दरों, बह्रों, ख़लीजों, टापुओं में घुसपैठ कर दो–तीन रोज़ तक ख़ूब बैठकर पीता है। जब पी चुका तो आसमान पर उड़ गया और मुँह खोला तो पानी रिमझिम बरसने लगा।

हाज़रीन-ए-जलसा — ऐसी मदरसी पर शैतान की फटकार। आए वहाँ से मौलवी बनके। वल्लाह क्या बे की उड़ाई है। कहने लगे बादल पानी पीते हैं। अच्छी बटी।

सवाल — गिनती आपको कहाँ तक याद है और पहाड़ा कहाँ तक?

मौलवी साहब — जवानी में रुपया के टके गिन लेता था। अब भी आठ–आठ आने दो–दो दफ़ा गिन सकता हूँ। मगर पहाड़ा किसी हलवाई के लौण्डे से पूछिए। धौंचे–पौंचे से यहाँ नफ़रत है।

सवाल — जौनपुर में ज़ैद ने 995267 मन गल्ला ख़रीदा और शब को चोर ने मौक़ा ताक कर 6361 मन हाथों–हाथ रातों–रात उड़ा दिया। बताओ ज़ैद को कितना घाटा हुआ?

जवाब — ये झगड़ा जौनपुर के क़ाज़ी चुकाएँगे। बन्दा किसी के फटे में पाँव नहीं डालता। चोरी–चकारी का हाल थानादारों से पूछिए। बन्दा मौलवी है। मुल्ला की दौड़ मस्जिद तक।

सवाल — शाहजहाँ के वक़्त में हिन्दुस्तान की क्या हालत थी और अकबर के वक़्त में क्या हालत थी?

मौलवी साहब — अजी आप तो पुराने मुर्दे उखेड़ते हैं। अकबर और शाहजहाँ दोनों की हड्डियाँ गलकर ख़ाक हो गई होंगी। इस दुखड़े से वास्ता।

सवाल — तर्ज़–ए–तालीम का सबसे बेहतर क़ायदा क्या है?

मौलवी साहब — इस बहस से फ़ायदा क्या है। मैं क्या कोई गौखा हूँ या मुझे कोई गधा मुक़र्रर[10] किया है। बड़े–बड़े उस्तादों का कलाम हिफ़्ज़ है।

सवाल — अक़्ल बड़ी या भैंस?

मौलवी साहब — इन दोनों से घोसन बड़ी जो दूध देती है।

सवाल — आप भी कहेंगे कि हम आदमी हैं।

मौलवी साहब — ऐ साहब वो आदमी नहीं बछिया का ताऊ। उल्लू की दुम फाख़्ता सही। अब आप बन्दे को आज़ाद कीजिए तो उम्र भर एहसान न भूलूँगा।

हाज़रीन-ए-जलसा[11] लाहौल वला क़ूव्वत। चिरकुटा है कौन।

इस मर्दक को यही नहीं मालूम कि बह्र किस चिड़िया का नाम है। बादल किसे कहते हैं। दो तक का पहाड़ा नहीं याद। गिनती जानता ही नहीं। तर्ज़–ए–तालीम से बिल्कुल ना-वाक़िफ़, दजला-ओ-फ़ुरात हिन्दुस्तान में बताता है। और भी शेख़ी जताता है, जुग़राफ़िया में महज़ कोरा। आदमी है या दूदिया लटोरा। तारीख़ में अलिफ़ के नाम बे नहीं जानता और ख़ुदा झूठ न बुलाए तो शायद हर्फ़ भी नहीं पहचानता और चले हैं मौलवी बनने। लड़कों की मुफ़्त में मिट्टी ख़राब है। और सुनिए बादल बद-रौ से पानी पीता है और टापू का पानी नोश करता है। इस तहक़ीक़ात के क़ुर्बान। वाह रे नादान।

* * *

---

1 तिरस्कृत, जिस पर लानत हो 2 कठिन 3 किताब पढ़ना 4 भीगी हुई 5 झुकी हुई 6 दुख बाँटने वाला 7 उत्तर दिशा 8 कारण 9 वह गड्ढा जहाँ गन्दा पानी जमा हो, गन्दे पानी का नाला 10 नियुक्त 11 जलसा में उपस्थित गणमान्य

हिन्दियों और यूरोपियन का रहन-सहन

मियाँ आज़ाद मकतब का ख़ाका[1] उड़ा, मौलवी साहब से पीछा छुड़ा गाँव से एक शहर में जा धमके। ओहो हो-हो! जिधर जाओ चहल-पहल, जिधर देखो लहर-बह्र, हर मुहल्ला आबाद, कूचा-ओ-बाज़ार ख़ूबसूरत, जिगर ठिठुराने वाली हवा के झोंके सन-सन चल रहे हैं। गोया फल-फूल हरे-भरे दरख़्त गुलाब या केवड़े के बसे हुए पंखे झल रहे हैं। मियाँ आज़ाद दिन भर चक-फेरियों में रहे और जब रात हुई तो सोने की धुन समाई। होटल में आए। इतने में एक आदमी, छरेरा बदन, पिस्ता क़ामत, रंग ज़र्द सामने आन खड़ा हुआ। कौन? हम हैं भई। हम का आख़िर कुछ नाम भी है! मुसाफ़िर। फिर यहाँ क्या काम? हज़रत ज़री बन्दा दरगाह की क़ता शरीफ़ और सूरत-ए-मुबारक तो देखिए। चोट्टे ऐसे ही हुआ करते हैं भला? अख़ाह। हुज़ूर हैं, आइए। मियाँ आज़ाद ने आव भगत की, पास बिठाया, इत्र मला, पान खिलाया।

आपस में ख़ूब चे-मी-गोइयाँ हुईं। आख़िर-कार उन्होंने कहा कि क्यों जी क्या यूरोपियन हमलोग से इल्म–ओ–फ़ज़्ल और तर्ज़–ए–मुआशरत[2] में चढ़–बढ़ कर हैं। मियाँ आज़ाद ने (हुँह) करके जवाब दिया कि इसमें क्या शक है गर्म बाज़ारी है। यहाँ फ़ुज़ूल बातों से फ़ुर्सत ही नहीं मिलती कि पढ़ें–लिखें।

हाँ मुआशरत-ए-बंगाली अलबत्ता दिन दूनी रात चौगुनी तरक़्क़ी कर रहे हैं, बाक़ी ख़ैर सल्लाह के ढेर। इतने में भटियारी ने हाँक लगाई कि (फाटक बन्द होता है। बाहर वालों अन्दर आओ, अन्दर वालों बाहर जाओ)। मियाँ आज़ाद बिस्तर पर डट गए। नूर के तड़के उनके दोस्त ने मियाँ आज़ाद को ख़्वाब से जगाया। ऐं! आप लम्बी ताने पड़े ख़र्राटे ले रहे हैं। उठो–उठो। ये तोते-चश्मी[3]! कि आँख तक नहीं खोलते। कुछ कुनमुनाइए तो सही। ऐ लो वो उठ बैठे, बिस्मिल्लाह क्या कल रतजगा था?

मियाँ आज़ाद ने कहा-हज़रत ऐसा शल हो गया था कि घोड़े बेच कर सोया और अब तक सोता ही रहा। ख़ैर आप उठे तो हाँ हज़रत ले फ़रमाइए। बंगाली और यूरोपियन में क्या बात है जिस से हमारा इल्म और तर्ज़–ए–मुआशरत उनके आगे मात है? मगर बन्दा मन्तक़ी[4] आदमी है, दलीलें पेश कीजिए। मियाँ आज़ाद ने लप–झप कपड़े डाँटे, दोस्त को साथ लिया और चल खड़े हुए। तड़के का सुहाना वक़्त —

वो सुब्ह और वो छाँव सितारों की और वो नूर

इधर शिवालय का घण्टा बजा टनाटन, उधर दो नाकों से सुब्ह की तोप दग़ी दनादन। चलते–चलते बस्ती के बाहर

पहुँचे। सुभानल्लाह ख़ुदा की क़ुदरत नज़र आती है। बहार दिल को लुभाती है। क्या देखते हैं कि एक दिलचस्प और दिलकशा बंगला ख़स-पोश है, पटरियाँ साफ़, रविशें शफ़्फ़ाफ़[5], दरख़्तों का झूमना मस्तानावार, हर सम्त बाग़–ओ–बहार, पत्ते सर सब्ज़, बँगले ख़ुश-नुमा, दरवाज़े रंगीन। एक आलीशान कमरे में एक साहब कुर्सी पर बैठे हैं और उनके क़रीब उनकी मेम साहिबा बैठी हैं। वो नूरानी चेहरा, वो क़ीमती रेशमी स्याह लिबास, उस पर इत्र की बू–बास जिसकी लपटें सड़क तक आती थीं और दिमाग़ को महकाती थीं। दोनों मीठी–मीठी बातें करते हैं और मटन चाप उड़ाते हैं। कमरे भर में वो साहब और उनकी मेम साहिबा।

मियाँ आज़ाद उनके साथ हाथ में हाथ दिए चुपके से आगे बढ़े। बीस क़दम आगे न गए होंगे कि सामने से कई तेज़ और चालाक घोड़े गुज़रे। उन पर ख़ुश-नुमा काठियाँ और ख़ूबसूरत लड़के बैठे हँसते–खेलते, बोलते–चालते, हवा खाते जाते हैं। कपड़े सफ़ेद जैसे बगुले के पर। कई मिनट तक आज़ाद और उनके दोस्त उन गुल-बदन लड़कों को देखा किए और मियाँ आज़ाद से कहा कि वल्लाह बच्चों की सोहबत और तर्बियत का ख़याल इतना तो है। थोड़ी देर बाद देखते हैं कि एक फ़िटन पर पाँच नौजवान बंगाली, एक बैरिस्टर, एक सिविल सर्विस, दो एम. ए., एक बी. ए. चले आते हैं। उनमें से एक मियाँ आज़ाद के मुलाक़ाती थे। अलैक–सलैक के बाद हाथ मिलाया। उन्होंने इनको चरट पिलाया। मालूम हुआ कि वो चारों नौजवान बंगाली ग़रीब आदमियों के लड़के हैं मगर उनके आलिम बाप के हमदर्द अहबाब ने उनको विलायत

भेजा और ख़ुद सरफ़ के मुतहम्मिल[6] हुए। अब वो आला रुतबे हासिल करके आए हैं। रुख़्सत हुए तो मियाँ आज़ाद और उनके दोस्त, शरक़ और वो नौजवान मग़रिब की तरफ़ चले। दोस्त ने आह–ए–सर्द खींच कर कहा कि बस इन बंगालियों के क़दम ले। बीस–बीस बरस तक के लड़के बी. ए. एम. ए. हो जाते हैं। अमीर तो अमीर, ग़रीब तक आला दर्जे की तालीम पाए हैं। मगर हिन्दी बहुत अभी जहालत के दरिया में ग़ोते खाते हैं। चलते–चलते एक मुक़ाम पर पहुँचे जहाँ सड़क पर दो तरफ़ा सौदागरों की आलीशान कोठियाँ हैं, जॉन एण्ड कम्पनी, रो एण्ड सन के सह-मंज़िला, पंज-मंज़िला, ऊँचे–ऊँचे मकान गोया आसमान से बातें करते हैं। मियाँ आज़ाद दोस्त को एक कोठी में ले गए। इलाही ये मकान है या तिलिस्मी[7] कारख़ाना। कोठी है या लन्दन का अजायब-ख़ाना[8]। तमाम आलम की नेमतें मौजूद हैं। दोस्त ने कहा सल्ले अला, सल्ले अला। ये तिजारत के शोबदे[9] हैं। वाह री तिजारत तेरे क़दम धो–धो कर पिए। इतने में सामने से कई बग्घियाँ आईं और ज़न से निकल गईं। सब पर यूरोपियन जेण्टलमैन और लेडियाँ बैठी हुईं। हिन्दुस्तानी का मंज़िलों पता ही नहीं। आगे बढ़े तो एक कुतुब-ख़ाना[10] नज़र आया। लाखों किताबें चुनी हुईं। दफ्तियाँ क़ाबिल–ए–दीद[11], बल्कि दीद न शुनीद। किसी अलमारी में गुल–ए–लाला[12]। कहीं ज़मुर्रद गौन तख़्ता बना है। इंसान अगर साल भर इस कुतुब-ख़ाना में जमकर बैठे तो आलिम और फ़ाज़िल हो जाए। शाम से आठ बजे तक शाएक़ीन[13] आते हैं, किताबों की सैर से दिल बहलाते हैं। लेडियाँ अपने मज़ाक़[14] के अख़बार और किताबों का मुताला[15] करती हैं और

दुनिया के हालात पर वाक़फ़ियत पाती हैं। मगर हिन्दुस्तानी जेंटलमैन को इन बातों से क्या सरोकार।

आज़ाद और उनके दोस्त जब ख़ूब सैर कर चुके तो सरा की सूझी। हैरान —

किस लिए आए थे हम क्या कर चले

ख़ुदा–ख़ुदा करके बस्ती में दाख़िल हुए। राह में एक मालदार शख़्स के दरवाज़े पर उनके दो कम-सिन लड़कों को देखा। नक–सक से तो दुरुस्त हैं मगर वज़ा निराली। कानों में बाले, पाँव में भद्‌दे–भद्‌दे कड़े, अंगरखा मैला–कुचैला, कशीफ़ पायजामा चार जगह से फटा हुआ। हाथों पर गर्द, मुँह पर ख़ाक, दरवाज़े पर नंगे पाँव खड़े हैं। मौलवी साहब डेवढ़ी में बैठे दो और लड़कों को पढ़ा रहे हैं लेकिन डेवढ़ी और पायख़ा दउइ

ना मिला हुआ है।

मियाँ आज़ाद — कहिए पीर–ओ–मुर्शिद वो गुलबदन लड़के और वो बाबू भी याद हैं। इनको देखिए मैले–गंदे, दिन भर बैत–उल–ख़ला[16] के पड़ोस। भला ये तवाना-ओ-तन्दुरुस्त, चालाक–ओ–चुस्त क्योंकर हों। हाँ ज़ेवर से अलबत्ता गोन्दनी की तरह लदे हैं। हक़ यूँ है कि चाहे लड़का जिस क़दर ज़ेवर पहने हो मगर उसको वो सच्ची ख़ुशी नहीं हासिल हो सकती जो उन प्यारे बच्चों को सुब्ह की ठण्डी हवा के झोंकों और टापों की खटपट से हासिल होती है। लड़का तड़के गजर-दम जाग उठा। हमाम ख़ाना गया, साफ़–सुथरे कपड़े पहने, सुब्ह की हवा खाई। ये अच्छा या ये अच्छा कह लचके और ठप्पे

और बुनत के कपड़ों में जकड़ दिया जाए और ज़ेवर सर से पाँव तक लाद दिया जाए और गढ़िया पर बिठा दिया जाए कि कोड़े के टोकरे गिना कर। अल अमाँ। अल हज़र। इतने में सात–आठ नौजवान सामने से गुज़रे। अभी उन्नीस ही बरस का सिन है मगर गालों पर झुर्रियाँ, किसी की कमर ख़म, किसी का चेहरा ज़र्द, दिल सर्द, सुर्ख़–ओ–सफ़ेद रंग धुआँ बनकर उड़ गया और तुर्रा ये कि अलिफ़ के नाम बे नहीं जानते। सीन और शीन नहीं पहचानते। एक नम्बर अव्वल के चाण्डू-बाज़ हैं। दूसरे बड़े ज़ुबान दराज़ हैं। वो फ़र्राटे भरें कि भला–चंगा आदमी घनचक्कर हो जाए। एक बेहतरीन दर्जे में तालीम पाए थे मगर रियाज़ी के प्रोफ़ेसर से गलख़प हो गई। झट मदरसा छोड़ दिया। क्यों न हो मेरे शेर ग़ुस्सा ख़त्म है। एक साहब अपने दाएँ हाथ की दो उँगलियों से बाएँ हाथ पर ताल बजा रहे हैं। धिन ता धिन ता। दो साहब बहादुर नामी बेड़ के घट जाने का अफ़सोस कर रहे हैं। किसी को नाज़ है कि मैं बाने की कनकियाँ ख़ूब लड़ाता हूँ। तकल ख़ूब बढ़ाता हूँ।

मियाँ आज़ाद ने पूछा क्यों क़िब्ला[17] कहिए वो बंगाली नौजवान भी याद हैं। इन हज़रात को देखिए कि मदरसा छोड़ा, आवारा-गर्दी से नाता जोड़ा। नेक सोहबत से मुँह मोड़ा। लियाक़त ख़ुदा का नाम है, मटर-गश्ती से काम है। ये बातें हो ही रही थीं कि दो साहब और मिले। सफ़ेद पोश, साहब तन–ओ–तोश[18]। दोस्त ने कहा हज़रत इनको पहचान रखिए। इन बेवक़ूफ़ों ने रुपया को दफ़्न कर रखा है। एक के पास दो लाख से ज़्यादा है। दूसरे के पास कोई अस्सी हज़ार। मगर ज़मीन में दफ़्न। बीबी और लड़कों को कुछ ज़ेवर तो अलबत्ता

बना दिया है, बाक़ी अल्ला–अल्ला ख़ैर सल्ला। अगर तिजारत करें तो कितना फ़ायदा हो। मगर ये सीखा ही नहीं। मियाँ आज़ाद ने कहा क्यों मियाँ वो कोठियाँ भी याद हैं। बंगाल बैंक और देहली बैंक को सुना था ये ज़मीन बैंक आज सुना। अब मियाँ आज़ाद और उनके दोस्त सरा में दाख़िल हुए।

आज़ाद — कहो यार चे। सुब्ह के सवाल का जवाब पाया। सच कहना, जो कहा था साबित कर दिया नहीं। अब फिर पूछोगे कि बंगालियों और यूरोपियन से हिन्दुस्तानी किस बात में कम हैं। उनके दोस्त ने गर्दन झुकाई, आँखें नीची कर लीं। ठण्डी साँसें भरने लगे और फ़रमाया कि ख़ुदा–ए–पाक की क़सम ऐसा शाफ़ी और बरजस्ता जवाब पाया कि उम्र भर तो भूलूँगा नहीं। भई आज की सैर ने तो बड़ा लुत्फ़ दिखाया। यूरोपियन और अहल–ए–हिन्द के मुआशरत में ज़मीन और आसमान का फ़र्क़ पाया। वल्लाह तहज़ीब भी जिहालत के सैंकड़ों अमराज़ की दवा है। अक्सीर की पुड़िया है।

दूसरे रोज़ हमारे सौदाई मिज़ाज मियाँ आज़ाद झुटपुटे वक़्त दोस्त को साथ ले शहर के सदक़े होने चले। चाँदनी नय सब्ज़ में खेत किया है। एक बाग़चा में हम-मज़ाक़ दोस्त बैठे अज़ीमुल्ला ख़ानी हुक़्क़े उड़ाते थे और रंगरलियाँ मनाते थे कि एक दफ़ा ही बहस और बहस से तकरार। तकरार से गल-ख़प शुरू हुई। मियाँ बर्क़ ने कहा भई कलजुग है कलजुग। इस में जो न हो थोड़ा। पुरानी रस्मों को अब बाज़ ज़ात–ए–शरीफ़ दक़ियानूसी बताते हैं। शादी–ब्याह के ख़र्च को फ़ुज़ूल कहते हैं। बच्चों को ज़ेवर पहनाना गाली है। अब कोई इन हज़रात से इतना तो पूछे कि जो रस्म बाप–दादा के वक़्त से चली आती

है उसको कोई क्योंकर मिटाए। यारो दिन दहाड़े ये अँधेर। दूसरे साहब शर्क़ इन ख़यालात के खिलाफ़ थे। ये बातें हो ही रही थीं कि इतने में पूरब की तरफ़ से शोर और ग़ुल की सदा ऐसी बुलन्द हुई कि कान पड़ी आवाज़ नहीं सुनाई देती थी। किसी ने कहा चोर आया। लेना जाने न पाए। कोई बोला साँप है साँप। कोई भेड़िया–भेड़िया चिल्ला उठा, किसी को शक हुआ कि आग लगी। सब के सब भड़भड़ा कर उठ खड़े हुए तो चोर न चकार, भेड़िया न मार, आग न बाग। कुछ और ही गुल खिला हुआ है।

एक ख़्वाजा साहब लंगोट कसे, लठ हाथ में लिए, अकड़े खड़े हैं। और उनसे दस क़दम के फासले पर एक टीकरे पर कोई लाला जी बाँस की खपाँच लिए डटे हैं और गिर्द तमाशाइयों का हुजूम है। शोर, फ़साद, दंगा और धूम है। इधर ख़्वाजा साहब पैंतरे बदल रहे हैं उधर लाला उँगलियाँ मटका–मटका कर ग़ुल मचाते हैं।

बर्क़ — ऐ ख़्वाजा साहब ख़ैर तो है?

ख़्वाजा — क्या अर्ज़ करूँ मुंशी बर्क़ साहब। आपको दिल्लगी सूझती है और यहाँ जान पर बन गई है। ये लाला मेरे हमसाया हैं। इनका क़ायदा है कि ठर्रा पीकर मुझे हज़ारहा गालियाँ दिया करते हैं। आज सुनिए कि कोठे पर चढ़ कर ख़ुदा वास्ते को सलवातें सुनाईं। अब फ़रमाइए इंसान ज़ब्त कहाँ तक करे। लाखों समझाया कि भई आदमी से ऊँट और इंसान से बे-दुम के गधे न बन जाओ। अक़्ल के नाख़ून लो होश में आओ। ये बादशाह की नहीं सुनते मैं किस शुमार–क़तार में हूँ। ख़म

ठोककर लड़ने को तैयार हो गए। ख़ुदा न करे कि किसी भले मानुस को अनपढ़ से साबक़ा[19] पड़े।

लाला — हुँह और सुनिएगा। हम चार–पाँच बरस लखनऊ में रहे। अनपढ़ ही रहे।

ख़्वाजा — बारह बरस दिल्ली में रहकर तुमने क्या सीख लिया जो अब चार बरस लखनऊ में रहने से फाज़िल हो गए।

लाला — ये साठ बरस से हमारे पड़ोसी हैं। ख़ूब जानते हैं कि बरस दिन का त्योहार है, हम शराब ज़रूर पिएँगे, चुस्की ज़रूर लगाएँगे, नशे में गालियाँ ज़रूर सुनाएँगे। हमारी रस्म ही यही है कि रासी उड़ाओ, मुहल्ले वालों को गालियाँ सुनाओ, ख़ूब गुलछड़े उड़ें। लोग हमसे फ़रमावत हैं कि चन्द सलीक़ा -शिआर[20] आदमी सभा करे हैं कि शराब क़ुल्लिया छोड़ दो। वाह बड़े नस्तालीक़[21] पैदा हुए।

बर्क़ — अजी लाला साहब अक़्ल के नाख़ून लीजिए। बहुत बहकी–बहकी बातें न कीजिए। हम ने माना कि ये रस्म–ए–क़दीम है मगर ऐसी रस्म पर तीन हर्फ़। आप देखें तो कि इस वक़्त आपकी क़ता क्या है। कीचड़ में लतपत भई वाह वल्लाह तुम्हारा बायाँ क़दम ले। भले मानुसों को गालियाँ देते हो और कहते हो ये तो तुम्हारी रस्म है। वो सभा बड़े अक़्लमन्द बुज़ुर्गवारों ने क़ायम की है तुम ही जैसे बेवक़ूफ़ों की तम्बीह के लिए।

शर्क़ — या हज़रत बर्क़। ज़रा मुझसे तो आँखें मिलाइए, शर्माए तो न होंगे। क्यों साहब ये दिन दहाड़े अँधेर जो बात इस लाला के यहाँ जिस तरह होती आई है इसी तरह अब भी

होगी। अभी तो आपका कुछ मक़ूला था। अब कुछ और कहने लगे। ये धूप–छाँव की रंगत आपने कहाँ पाई, ये गिरगिट की ख़ासियत क्यों भाई।

ख़ैर बर्क़ को क़ायल करके मियाँ शर्क़ और मियाँ आज़ाद और उनके दोस्त उसी बाग़चा[22] की तरफ़ जाने लगे और बर्क़ को हँस–हँस कर जलाने लगे तो देखते क्या हैं कि एक गँवार औरत रोती चली जाती है। और एक मर्द चुपके–चुपके समझा रहा है कि (चुपाई मार, चुपाई मार)। मियाँ आज़ाद समझे कि कोई बदमाश है। ललकारे। कौन है बे तू बोल अबे कौन है? उस औरत को कहाँ भगाए लिए जाता है। उस गँवार ने कहा साहब भगाए नहीं लिए जात हूँ ये हमरी बीवी है। हमारे यहाँ रसम है कि जब जोरू का मैके से ससुराल ले जात हैं तो दुई–तीन कोस तलक रोत जात है।

बर्क़ — लाहौल वला क़ुव्वत। वल्लाह मैं कुछ और ही समझा था। भई इन गँवारों से ख़ुदा की पनाह। महज़ रस्म की पाबन्दी को मज़हबी फ़राइज़ पर तरजीह[23] देते हैं।

शर्क़ — बजा है पीर–ओ–मुर्शिद। गँवार तो ख़ैर गँवार बनकर छूट जाएँगे मगर आप अभी इस बाग़ में क्या कह रहे थे। समझदार और पढ़े–लिखे आदमियों का बुरी रस्मों का पाबन्द होना अलबत्ता तअज्जुब का मुक़ाम है। मगर दिन दहाड़े ये अँधेर। जो रस्म उस औरत के यहाँ होती है उसे क्योंकर छोड़े और उसके ख़िलाफ़ करे तो आप ही के क़ौल के मुताबिक़ उसका ये फ़ेल गुनाह में दाख़िल है।

आज़ाद — वाह मौलवी शर्क़ साहब क्या कहना है। वल्लाह

मानता हूँ ख़ूब आड़े हाथों लिया। (अब तो मियाँ बर्क़ मुस्कुरा–मुस्कुरा कर रह जाते हैं।) भाई कुछ फ़र्ज़ नहीं कि अक़्ल की आँखों को पॉकिट में बन्द करके पुरानी रस्मों के ढर्रे पर चलना शुरू करे। और इतनी ठोकरें खाए कि क़दम–क़दम पर मुँह के बल गिरे। ख़ुदा ने अक़्ल इसलिए नहीं दी है कि पुरानी बातों को ख़्वाह-म-ख़्वाह माना जाए। अगर पुरानी बातों की पूरी–पूरी पैरवी की जाती तो ये जामदानी के कुर्ते और शरबती के अंगरखे और ज़रबफ़्त और किम-ख़्वाब भी नज़र न आता। बाक़र-ख़ानी और पुलाव और नर्गिसी कबाब के एवज़ इंसान पाढ़े और हिरन का कच्चा गोश्त खाता। ख़ुदा ने आँखें दी हैं मगर अफ़सोस कि हमने बन्द कर लीं। पर मौजूद हैं मगर काम में नहीं लाते। यारो कुछ तो ऊँचे उड़ो, ज़रा तो आँख खोलो।

बर्क़ — वाह भई वाह! वल्लाह तुम बड़े गर्मा–गर्म आदमी हो। अच्छा आड़े हाथों लिया और ऐसा माक़ूल कर दिया कि मैं तुम्हारा ही कलमा पढ़ने लगा।

* * *

---

1 आलेख, व्यंग 2 रहन-सहन 3 बेमुरव्वती 4 हुज्जती 5 चमकता हुआ 6 बर्दाश्त करने वाला 7 जादूई 8 संग्राहालय 9 करतब 10 पुस्तकालय 11 देखने योग्य 12 गुलाब का फूल 13 इच्छुक 14 रूची 15 अध्ययन 16 शौचालय 17 माननीय 18 शरीर का भारी भरकम होना 19 किसी से पाला पड़ना 20 अच्छे व्यवहार वाला 21 सभ्य 22 बाग़ का छोटा रूप 23 वरीयता

ऊँट रे ऊँट तेरी कौन सी कल सीधी

एक रोज़ मियाँ आज़ाद पिछले पहर से ही मटर-गश्ती के लिए निकल खड़े हुए तो सड़क पर क्या देखते हैं कि छकड़ों का ताँता लगा है। पहिए चूँ–चूँ करते जाते हैं। गाड़ीबान बिरहा गाते हैं। मुसाफ़िर कोई कमर कसे, कोई सर पर बोझ लादे, कोई आफ़ताबा[1] या लोटिया रस्सी में लटकाए, कोई जूता पहने या बग़ल में दबाए चला जाता है। कोई तेज़–तेज़ क़दम उठाता है। शुक्रम ये आई वो ज़न से निकल गई। भोपूँ–भोपूँ। मुसाफ़िर इधर–उधर कतरा गए। कोई घोड़े की पीठ पर सवार मीठी पोई जाता है, कोई टट्टू को टख़–टख़ करता है कि इतने में सामने से बीस–पचीस ऊँट नज़र आए। किसी पर अनार–चिलग़ोज़ा किसी पर ख़ूबानी साथ हैं। खुर मालूम हो न सुम। एक ऊँट का सर दूसरे की दुम। एक मुसाफ़िर ने मियाँ आज़ाद से कहा सच कहिएगा। ये वज़न ही निराला है, गर्दन का बोल–बाला है। ऐसा जानवर देखा न सुना। माशा-अल्लाह क्या क़ता शरीफ़ है।

मियाँ आज़ाद — सूरत वाह जी वाह! सीरत सुभानअल्लाह। क़ता[2] दुनिया से निराली। तबीयत निहायत आली। जानवर क्या जानवरों का क़िब्ला-गाह है। और हक़ ये है कि अरब के जंगलों में चलने वालों का यही पुश्त-पनाह[3] है। बेतुकापन क़ता से ही ज़ाहिर है। गर्दन शैतान की आँत है। मगर दुम में नम्दा। ख़ासा लण्डूरा। और बिलबिलाना माशा-अल्लाह इतना मौज़ूँ है गोया ऑर्गन बाजा बजा रहे हैं। और सुनिए कि ये हज़रत बड़े जफ़ादरी हैं। इस से पुराना जानवर ही नहीं सारी ख़ुदाई की ख़ाक छानिए मगर भला आफ़ताब की मशाल ले कर ऐसा पुराना जानवर कहीं से ढूँढ तो लाइए। जभी तो हमने इनको जानवरों का क़िब्ला-गाह कहा। हिमाचल पहाड़ की चोटी पर जो उलमा ने तहक़ीक़ात की और पहाड़ खोदा तो ऊँट की हड्डियाँ पाईं। इस से साबित होता है कि ये बहुत पुराना जानवर है। और लतीफ़ा सुनिए कि जंगल से हज़रत ऐसे ग़ायब हुए जैसे गधे के सर से सींग। हज़रत-ए-इंसान के पक्के ख़ैर-ख़्वाह हैं। जंगल में नाम नहीं, ग़ैर आबाद मक़ाम से इनको काम नहीं। जब देखिए हमारी आपकी ख़िदमत के लिए तैयार। नाक में नकेल पड़ी हुई, कमर पर बोझ लादे, रेगिस्तान–मैदान–बयाबान में गर्दन उठाए बिलबिलाते चले जाते हैं। और तुर्रा ये कि भटकटैया ही खाते हैं। सादगी जो मिज़ाज में समाई तो लज़ीज़ ग़िज़ाओं से नफ़रत हो गई। गोश्त का छूना क़सम है। हाँ काँटों पर आशिक़ हैं, इसमें किसी का इजारा नहीं। इमली की पत्ती पर भी लोट हैं। अब बाज़ उलमा ने तहक़ीक़ात की है कि दुनिया में ऐसा भी एक मक़ाम है जहाँ ऊँट जंगलों में रहते हैं वरना अब तक सब को शक की जगह

यक़ीन था कि ऊँट पालतू ही जानवर है। जंगल से इसको कोई वास्ता ही नहीं। दूर क्यों जाइए, अमरीका और ऑस्ट्रेलिया में क्यों ठोकरें खाइए। तुर्किस्तान और शुमाली चीन ही के जंगलों में उनसे न मुसाफ़हा कर लीजिए। अब सुनिए कि जंगली ऊँट पालतू की निस्बत ज़्यादा ख़ाकी रंग का होता है। लेकिन नाक के पास ज़र्दा–ज़र्द। फिर ग़रीब और मिस्कीन इतने बड़े कि जब चाहिए जंगल से पकड़ लाइए। हाँ ज़रा शुतुर-ग़म्ज़े तो दिखाएँगे, मगर झप से दम में आ जाएँगे। मिस्त्र तो मिज़ाज में छू ही नहीं गया। हज़रत-ए-इंसान को अपने हलवे–माण्डे से मतलब। पकड़ा और छुरी तेज़ की और गोश्त ख़ूब छक कर चख गए। मगर हाँ कोई जंगल का ऊँट पकड़ लेना दिल्लगी नहीं है। और अगर फँस भी गया तो पालना मुहाल है। वहशत उम्र भर जाती नहीं, कुत्ते की दुम है। जंगली ऊँट हवा से बातें करता है। घोड़े को साँडनी की दुम में बाँध दो, ये कैसा ही तेज़ रफ़्तार हवा तक क्यों न हो। उसके ग़ुबार को तो पहुँचे नहीं। मगर जंगली साँडनी की आवाज़ नाज़ुक होती है। बिलबिलाने में भी शराकत का अन्दाज़ है। हर साल बच्चा जने, मुम्किन क्या कि किसी साल नाग़ा होने पाए। जंगली का गोश्त पालतू के गोश्त से ज़्यादा मज़ेदार होता है। झील, तालाब, नाले पर घूमा करते हैं। लोगों की ये भी दिल्लगी है कि शिकार किया और नोश-ए-जान फ़रमाया और खाल दो–ढाई रुपया को पटेल डाली। नज़र मंज़िलों की ख़बर लाए, गिद्ध शर्माए। क़ुव्वत–ए–शाम्मा[4] ऐसी तेज़ कि कुत्ता भी मान जाए और कान तो बला के पाए हैं, ज़रा पत्ता खड़का और ऊँट सरका। नाम भी हज़रत के मुख़्तलिफ़ हैं। ऊँट, शुतुर, बईर,

कैमेल, साँण्डनी, ऊटूना और अरब के लुग़ात[5] में तो शायद ही कोई ऐसा लफ़्ज़ होगा जिसमें इनका साझा न हो। भई चाहे कोई इसको बनाए चाहे इसकी निराली सज–धज पर क़हक़हा उड़ाए। इसमें शक नहीं कि रेगिस्तान के तो ये बादशाह हैं। महीनों का पानी एक दफ़ा सुड़क लेता है। पेट है या बह्र-ए-ओक़ियानूस[6]।

* * *

---

1 तसला 2 ढंग, शैली 3 हिमायती 4 सूंघने की शक्ति 5 शब्दकोश 6 अटलांटिक महासागर

हात तिरी! छींकने वाले की नाक काटूँ

मियाँ आज़ाद बाज़ार में झूमते–झामते चले जा रहे थे। इतने में दूर बाश–ओ–औब की कानों में भनक पड़ी। क्या देखते हैं कि एक मस्त हाथी पर एक महन्त जी सवार, गेरुए कपड़े पहने, भभूत रमाए, पालथी मारे बड़े ठस्से से बैठे हैं। चेले–चापड़ साथ, कोई घोड़े की पीठ पर सवार, कोई पैदल, कोई ख़्वासी में बैठा मूर्छल हिलाता है। कोई नरसिंगा बजाता है। मियाँ आज़ाद ने अपने दिल में कहा कि अच्छे मिले। इतने में एक ख़्वाह–म-ख़्वाह मर्द आदमी उनके सामने आन खड़े हुए।

मर्द आदमी — ख़ैर तो है हज़रत ख़ैर तो है। आख़िर इस बे-क़रारी का सबब क्या कुछ हमसे तो कहिए।

आज़ाद — कहें क्या बुरे को सर। और आपसे कहें भी तो मतलब आप बेचारे भला क्या बताएँगे।

मर्द आदमी — मियाँ मेरी सूरत पर न जाओ मैं पुराना

जुग़ादारी[1] हूँ। ले ज़रा चलिए तो मेरे साथ। जैसे ही मियाँ आज़ाद उठे पट से छींक पड़ी। मर्द तो निरे बछपा के ताव थे। कहने लगे अरे हत तेरे छींकने वाले की नाक काटूँ। ना-माक़ूल ने हत्थे ही पर टोक दिया। यार ज़रा दम के दम सब्र करो। छींकते चलना बद-शगुनी है।

आज़ाद — लाहौल वला क़ुव्वत। तो क़िब्ला हमारा आपका साथ हो चुका। छींक की ऐसी–तैसी। ख़ैर दोनों पौ–क़दमे चले। दस क़दम भी न गए थे कि बिल्ली रास्ता काट गई। मर्द आदमी ने मियाँ आज़ाद का हाथ पकड़ कर उनको अपनी तरफ़ खींच लिया। भई अजब बेतुके आदमी हो। मियाँ बिल्ली राह काट गई। दम के दम ठहरो पहले कोई और जाए तो हम भी जाएँ। अब सुनिए कि आध घण्टे तक मुँह खोले खड़े हैं। अल्लाह भेज, मौला भेज, या इलाही कोई इधर से आए। आज़ाद ने झल्ला कर कहा कि भई हमको आपका साथ अजीरन हो गया। यहाँ इन बातों के क़ायल न इन मज़ख़रफ़ात[2] की तरफ़ तबीयत माइल। ख़ैर अर्से के बाद मर्द आदमी ने मियाँ आज़ाद को रोका। हाय–हाय! ख़ुदा का वास्ता उधर से न जाना मियाँ अन्धे हो कौन। देखते नहीं दो गधे खड़े हैं। इनमें से जाना बद-शगुनी है। आज़ाद ने कहा – गधे तो आप ख़ुद हैं। इतने में मर्द आदमी ने डण्डे से गधों की ख़बर ली। फिर दोनों साथ चले तो मर्द आदमी की बाईं आँख फड़की। ग़ज़ब ही हो गया। हाथ–पाँव फूल गए। सारी चौकड़ी भूल गए। क्यों यार कोई तो तदबीर बताओ, लिल्लाह इस वक़्त काम आओ। भई हमारी बाईं आँख बे-तौर फड़क रही है। मर्द की बाईं और औरत की दाईं आँख का फड़कना सितम है।

एक दफ़ा ही आहिस्ता–आहिस्ता कहना शुरू किया। जल तू जलाल तू, आई बला को टाल तू। मियाँ आज़ाद खिलखिला कर हँस पड़े कि अजीब बुज़ुर्गवार हैं। छींक पड़ी और हवास ग़ायब, बिल्ली ने रास्ता काटा और होश रुख़्सत, गधे देखे और औसान ख़ता और जो बाईं आँख फड़की तो सितम ही हुआ। हज़रत अब आपका ठिकाना नहीं। अब बाईं फड़की ख़ुदा ही ख़ैर करे। कहना मानो इन ख़ुराफ़ात बातों में न जाओ। ये वहम ही वहम है जिसकी दवा लुक़मान के पास भी न थी। लेकिन मैं आपके साथ रहना पसन्द नहीं करता। आप जानें आपका काम जाने।

* * *

---

1 पुराना घाघ 2 झूटी बातें, बकवास

मोल-तोल नौ, वाजिबी सौ

मियाँ आज़ाद ठोकरें खाते, डण्डे हिलाते, मारे-मारे फिरते थे। इत्तेफ़ाक़ से एक ख़ुश-ख़ू जवान से दो-चार हुए। उन्होंने इनको नज़र भर कर देखा। ये आगे बढ़ने ही को थे कि जवान ने हाथ पकड़ लिया।

आज़ाद ने पीछे फिर कर देखा तो जवान ने मुस्कुरा कर कहा —

गो नहीं पूछते हरगिज़ वो मिज़ाज
हम तो कहते हैं दुआ करते हैं

या हज़रत वहशत अर्ज़ है। कहिए पहचाना। वाह उस्ताद ये उड़ान खाइयाँ गोया कभी की अलैक-सलैक ही नहीं। मियाँ आज़ाद चकराए कि भई ये अच्छे आए हज़रत वल्लाह किस मर्दक ने आपको पहचाना हो। ऐं! माशा-अल्लाह। कमाल किया वल्लाह। अब तक न पहचाना। मियाँ हम तुम्हारे लंगोटिये यार हैं अनवर। अख़ाह! मियाँ अनवर हैं। ये कह

कर दोनों गले मिले और ऐसे ख़ुश हुए कि दोनों रो दिए। फिर बग़लगीर हुए। फिर आँखें पुर-नम हो गईं। फिर मिले। फिर आँसू डबडबा आए। अल्लाह–अल्लाह एक वो ज़माना था कि हम–तुम बरसों एक जगह रहे, साथ–साथ मटर-गश्ती की। कभी बाग़ में कभी जंगल में। कभी चाँदनी रात में मज़े उड़ा रहे हैं, कभी जंगल में मंगल गा रहे हैं। कभी बाँक का शौक़, कभी लकड़ी का ज़ौक़। मियाँ वो दिन लद गए।

मियाँ आज़ाद ने अपने पुराने दोस्त को जो पाया, कच्चा चिट्ठा कह सुनाया। अनवर ने कहा भई चलो अब साथ–साथ रहें। जिएँ या मरें मगर रफ़ाक़त[1] न छोड़ें। यहाँ से थोड़े फ़ासले पर एक शहर है। वहाँ चलकर बे-फ़िक्री से बसर करें। मगर यार हमें आज कुछ सौदा ख़रीदना है। चलो लगे हाथों बाज़ार से ले न आएँ। ये कहकर मियाँ आज़ाद और मियाँ अनवर चौक चले। और चलते–चलते चौक में ग़ड़ाप दाख़िल। पहले बज़ाज़े में धँसे। चारों तरफ़ से आव–आव और काव–काव आवाज़ें आने लगीं। आइए–आइए अजी मियाँ साहब क्या खरीदारी मंजूर है। खान साहब कपड़ा खरीदिएगा। आइए। वह–वो कपड़ा दिखाऊँ कि बजार भर में किसी के पास न निकले। एक दुकान में जाकर बैठ ही तो गए। दुकान में टाट बिछा है, उस पर सफ़ेद चाँदनी। और लाला नयन सुख डोरिये का अंगरखा डाँटे बड़े ठस्से से बैठे हैं।

तोन्द ऐसी मोटी कि अल्लाह ही अल्लाह जैसे रुपया के दो–दो वाले तरबूज़। एक सम्त तन-ज़ेब[2], शरबती, ओधी के थानों की क़तार। दूसरी सम्त मोमी छींट और फ़लालैन की बहार। एक जानिब गुरण्ट और सासलेट दूसरी जानिब चिकन

या कैचलैट। अलगनी या खूँटी पर रूमाल क़रीने से लटके हुए सुर्ख़ा–सुर्ख़, लाल भभूका या सफ़ेद जैसे बगुले के पर। हरे–हरे धानी जैसे लहबर। दरवाज़ा लाल रंगा हुआ, पन्नी से मढ़ा हुआ। दीवार पर सैंकड़ों चिट्ठियाँ। मियाँ आज़ाद और उनके यार जाकर दुकान पर डट गए।

अनवर — भई स्याह मख़मल दिखाना।

बजाज़ — बदलू! बदलू! जरा खान साहब को काली मख़मल के थान दिखाओ बढ़िया।

लाला बदलू कई थान तड़ से उठा लाए। सूती, काशानी[3], बूटीदार, बाग़–ओ–बहार। अनवर ने कई थान देखे। ख़ूब देख–भाल कर पूछा दाम।

लाला — गजों के हिसाब बताऊँ या थान के दाम।

भई गज़ों के हिसाब बताओ मगर लाला झूठ कम बोलना। लाला ने क़हक़हा उड़ाया। हुजूर हमारी दुकान में एक बात के सिवा दूसरी नहीं कहते। कौन मील पर सनद है। अनवर ने एक थान पसन्द किया, इसकी क़ीमत बताओ। सुनिए खुदा-वन्दा! जी चहे लीजिए जी चहे न लीजिए। जी इख़्तियार है। मुल दस रुपया गज से कम न होगी। ऐं! दस रुपया गज़ मियाँ ख़ुदा से डरो। इतना झूठ। इलाही तौबा। यार अज़ीज़ आख़िर ख़ौफ़–ए–ख़ुदा भी कुछ चीज़ है। अच्छा तो फिर आप भी कुछ फरमाओ। हम चार रुपया गज़ से टका ज़्यादा न देंगे। मियाँ आज़ाद ने फ़ारसी में कहा यार तुमने तो इतनी क़ीमत घटा दी। अनवर ने झिड़क कर कहा बस आप चुपके बैठे रहें आपको इन बातों में ज़रा भी दख़ल नहीं। शेख़ क्या जाने

साबून का भाव।

लाला — तो चार रुपया गज तो बजार भर में न मिले।

अच्छा आपके दाम दीजिए। बोलिए कितनी खरीदारी मंजूर है। दस गज उतारूँ। क्या ख़ूब दाम चुकाए ही नहीं और गज़ों की फ़िक्र पड़ गई। वाजबी बताओ वाजबी। चकमा किसी अनेले को दीजिएगा। हम एक घाघ हैं। अच्छा साहब पाँच रुपया गज लीजिएगा या अब भी चकमा है। ना मियाँ बड़ी महँगी है। ख़ैर ख़ातिर है सवा चार सही। ले बस पाँच रुपया गज़ उतार दो। लाला ने नाक–भौं चढ़ाकर पाँच गज़ मख़मल उतार दी और कहा आप बड़े कड़े ख़रीदार हैं हमें घाटा हुआ। खैर खाली हाथ आपको क्या भेजते। मुल इन दामों में शहर भर में न पाइएगा।

आज़ाद — भई क़सम है ख़ुदा की मेरे ऐसा अनेला तो फँस ही जाए और वो ग़प्पा खाए कि उम्र भर न भूले।

अनवर — अजी अभी आपने देखा क्या है। आज तो शाम हो गई। कल से-पहर को हम आपको बाज़ार की सैर कराएँगे। देखिएगा क्या दिल्लगी होती है। ये कह कर अनवर अपने शफ़ीक़ दोस्त को अपने घर ले गए।

* * *

---

1 मित्रता 2 बढ़िया सूती कपड़ा 3 उत्कृष्ठ मख़मली कपड़ा (काशाना: इरान का एक शहर)

अकड़बाज़

एक दिन अनवर ने आज़ाद से पूछा कहो भई कहीं चलने का इरादा है। मियाँ आज़ाद तो मटर-गश्ती पर उधार खाए ही बैठे थे, झप राज़ी हो गए। एक पाँव में अधूड़ी अस्तर का गँवार जूता दूसरे में सुथरे अघतेला। इस वहशत को देखिएगा यार लोग आवाज़े कसने लगे। निरी के जूते का चोर है। माशा-अल्लाह क्या दोरंगी है। चलते–चलते अनवर ने कहा लो ख़ूब याद आया। इस फाटक में एक बाँके रहते हैं ज़रा मैं उनसे मिल लूँ। मियाँ आज़ाद और अनवर दोनों फाटक में हो रहे तो क्या देखते हैं कि एक कस–बल के जवान, ख़ूबसूरत, अधेड़ मगर बहादुर बनौट, पट्टे में ताक। बाँक लकड़ी में मुश्ताक़[1] कुर्सी पर बैठे हैं। घुटना चूड़ीदार चुस्त। ज़रा शिकन नहीं। चुन्नत-दार, अंगरखा एड़ी तक, छाता गोल कटा हुआ, चोली ऊँची। नक्केवार माशा भर की कटी हुई टोपी। चपतगाह के एक कोने पर माँग निकली हुई। सरौही सामने रखी है। और जा ब–जा क़ुरौली[2], क़राबींचा[3], कटार, खाण्डा, तलवार, तपंचा,

ख़ुदाई के हथियार चुने हुए हैं। अलैक–सलैक के बाद अनवर ने कहा हुज़ूर वो बन्दूक़ आपने पचास रुपया की ख़रीदी थी। दो दिन का वादा था जिसके छह महीने हो गए मगर आप साँस-डकार तक नहीं लेते। बन्दूक़ हज़म की तो साफ़–साफ़ कह दीजिए। रोज़–रोज़ की ठाएँ–ठाएँ से क्या फ़ायदा? उस बाँके ने मुस्कुरा कर कहा होश की दवा कीजिए, अक़्ल के नाख़ून लीजिए। कैसा सन्दूक़, किस की बन्दूक़। अपना काम करो। मेरे मुँह न चढ़ो। मियाँ हम बाँके लोग हैं, सैंकड़ों को ग़प्पे हज़ारों को झाँसे दिए। आप बेचारे किस खेत की मूली हैं। यहाँ सौ पुश्त से सिपहगिरी होती आई है। हम और दाम दें। ख़ुदा–ख़ुदा कीजिए। माक़ूल? लो हज़रत ये अच्छा बाँकपन है। वाह अच्छे बाँके हैं कि आँख चूकी और कपड़े ग़ायब। कम्मल डाला और लूट लिया। और कहने लगे हम बाँके हैं। लुक़्क़ों–लुच्चों, शोहदों–टुच्चों का काम है। क्या बाँकपन इसी का नाम है कि क़र्ज़-ख़्वाह[4] को आँखें दिखाए और गीदड़ भभकियाँ बताए। आज के सातवें दिन चेहरा शाही बाएँ हाथ से गिन दीजिएगा। वरना ख़ैर नज़र नहीं आती। अनवर बकते ही रहे और वो मूँछों पर ताव ही दिया किए। कहा तो ये कहा कि मालूम होता है ज़िन्दगी अजीरन हो गई। हमारे हाथ तुम्हारी मौत बदी है बहुत बढ़–बढ़ कर बातें न बनाओ। पहले अपना मुँह तो देखो, आप और हमसे टर्राएँ। आप और बाँकों से बर्राएँ। ऐ तेरी क़ुदरत। इस पर अनवर आग भभूका हो गए। ऐ ज़ूफ़[5] है इस बाँकपन पर। सेन्द लगाएँ और बाँके कहलाएँ। आख़िर-कार इस तकरार और तू–तू मैं–मैं के बाद मियाँ आज़ाद के साथ–साथ घर की तरफ़ रुख़ किया।

अब सुनिए कि अनवर और मियाँ आज़ाद इधर चले। उधर उस बाँके का भाँजा जो घर में गया तो देखता क्या है सब औरतें नाक–भौं चढ़ाए, मुँह बनाए, ग़ुस्से में भरी बैठी हैं। ऐं? क्यों क्यों ख़ैर तो है। ये आज सब चुप–चाप क्यों बैठे हैं। घर है या शहर–ए–ख़मोशाँ[6]। मकान है या गंज–ए–शहीदाँ[7]। इतने में उनकी ममानी कड़क कर बोलीं अब चूड़ियाँ पहनो चूड़ियाँ। और बहू–बेटियों में दब कर बैठ रहो। वो मुआ दर-गोर[8] करोड़ों बातें सुना गया और पक्के पहर तक ऊल–जूलूल बका किया और तुम्हारे मामूँ बैठे सुना किए। बस–बस जब शर्म ही निगोड़ी भून खाई तो फिर क्या। बड़े मर्दवे बने हैं। ये न हुआ कि मुए शरीर की ज़बान दस्त-ए-पनाह से निकाल लें।

इलाही ख़ैर इन्होंने तो बाँकों के भी कान काटे। बला की औरत है। ये ख़म–ओ–दम। बाँके के भाँजे को जवानी का जोश, ताक़त का ग़ुरूर। शेर की तरह बिफरा हुआ बाहर आया। मामूँ जान ये आज आप से किस से गुल-ख़प हुई जल्द बताइए वरना मैं हीरे की कनी खा लूँगा। हमारे बाँकपन में बट्टा लग गया। औरतों को ग़ैरत आई और आप चुपके बैठे सुना किए। वल्लाह इज़्ज़त डूब गई। ऐ ख़ुदा के लिए उसका नाम तो बताइए। क़सम जनाब अमीर की अभी आँतों का ढेर हो।

मामूँ साहब — भई वो एक शरीफ़-ज़ादा है मैं उसका क़र्ज़-दार हूँ। अगर दो बातें उसने सुनाईं भी तो क्या। और वो है ही बेचारा क्या। वो बदी में शहबाज़। वो दुबला–पतला आदमी मैं जवान। बोलने का मौक़ा होता तो उस वक़्त उसकी लाश न फड़कती होती। मुझे जानते नहीं कैसा ग़ुस्सा वाला आदमी हूँ।

मक्खी तो नाक पर बैठने नहीं पाती। ले ग़ुस्सा थूक दो। जाओ खाना खाओ, आज मीठे टुकड़े पके हैं।

क़सम ख़ुदा की जब तक उस शिमर का ख़ून न पी लूँ खाना हराम है। मीठे टुकड़ों पर आप हत्थे लगाइए, यहाँ ज़िन्दगी तल्ख़ है। अल-ग़रज़ ऐसे तैश में आए कि चल ही खड़े हुए। मामूँ ने लाख समझाया मगर ये हवा के घोड़े पर सवार थे। अब उधर का हाल सुनिए कि अनवर जो अपने घर पहुँचे तो देखते क्या हैं कि उनका लड़का तड़प रहा है। हाय! ये क्या! ख़ैरियत है? लौण्डी ने कहा मियाँ क्या बताऊँ। भैया यहाँ खेल रहे थे कि (कि) का लफ़्ज़ कह कर वो कुछ और कहने को थी कि अनवर ने चिल्ला कर कहा — उफ़ ग़ज़ब हो गया। मालूम होता है वो सफ़्फ़ाक तैश खाकर आया। जब मुझको न पाया तो इस मासूम बच्चे पर हाथ साफ़ किया। आज़ाद के हवास ग़ायब। अरी नेक-बख़्त[9] जल्द बता ख़ैर तो है। हाँ–हाँ सुनिए तो सही भय्या यहाँ खेल रहे थे बिच्छी ने काटा। बड़ी देर से बच्चा तड़प–तड़प कर लोट रहा है। इतने में मियाँ अनवर की बीवी ने अपने शौहर को सब हाल बताया और आँसू भर लाई। हाथ जोड़कर गिड़गिड़ाते कहा कि (डॉक्टर को लपक के बुला नहीं लाते)। आज़ाद को लड़के के पास बिठा कर मियाँ अनवर हस्पताल चले कि झटपट डॉक्टर को बुलाएँ।

अब सुनिए कि रास्ते में नया गुल खिला। पचास क़दम भी अनवर न गए होंगे कि सामने से उस बाँके का भाँजा आ निकला। आँखें चार हुईं। देखते ही शेर बब्बर की तरह डकारा। बस। तेरी उम्र का पैमाना[1] लब्रेज़ हो गया। अभी–

अभी सर ख़ाक–ओ–ख़ून में लोट रहा होगा। हमारे मामूँ को सलवातें सुनाना, बढ़–बढ़ कर बातें बनाना, बाँकों के मुँह चढ़ना, उस्तादों से भिड़ पड़ना, ख़ाला जी का घर नहीं है। हिला और मैंने हाथ दिया। बढ़ा और मैंने कूचे काटे। अनवर बेचारे की हैरानी-ओ-परेशानी का ठिकाना न था। प्यारे मासूम बच्चे का तड़पना, बिलबिलाना, बीवी का रोना, तिलमिलाना, लड़के की मुहब्बत, इधर इस संग-दिल से मुक़ाबला, जिस्म में सकत नहीं, ज़ोर नहीं, ताक़त नहीं, भागें तो क़दम नहीं उठते, लड़ें तो पाँव नहीं जमते। इर्द–गिर्द ठट के ठट जमा हैं, सब समझाते हैं कि आप बाँके जवान, ये दुबले–पतले आदमी, आप शेर ये बिल्ली।

किसी बेकस को ऐ बेदाद गर मारा तो क्या मारा
जो ख़ुद ही मर रहा हो उसको गर मारा तो क्या मारा?

अनवर ने रो–रो कर लोगों से कहा कि भाई इस वक़्त मेरा मासूम बच्चा मर रहा है। हाय क्या जाने इस वक़्त कैसा होगा? मैं उसे सिसकता छोड़ कर आया हूँ। डॉक्टर को बुलाने जाता था कि रास्ते में इन्होंने घेरा। अब किसी सूरत से मुझे बचाओ। अक्सर रहम-दिल आदमी ये सुनकर रो दिए और सब के सब अफ़सोस करने लगे। मगर इस धुन के पक्के ने एक की न मानी। ख़िदमतगार से कहा एक विलायती हमें दे, दूसरी उनके हवाले कर। उन्होंने फिर रो कर कहा कि मर्द-ए-ख़ुदा मेरा प्यारा बच्चा, मेरे ख़ानदान भर का चश्म–ओ–चराग़[10], मेरी आँखों का नूर, मेरे दिल का चैन, उस वक़्त जानकनी की हालत में था, हाय–हाय ख़ुदा जाने उस पर अब क्या गुज़रती होगी। भाई मुझ पर रहम न करो, उस मासूम पर तो रहम

किया चाहिए। वो सरोही लेकर पैंतरा बदल कर सामने आन खड़ा हुआ और फिर ख़ूब डकार कर कहा, चुप बुज़-दिल। आ चोट के सामने।

इतने में किसी ने अनवर के घर पर ख़बर पहुँचाई कि मियाँ से तलवार चल गई। आप जानें जितने आदमी उतनी ही ज़बानें। किसी ने कह दिया कि चर्का खाया और गर्दन खट से अलग हो गई। ये सुनते ही अनवर की बीबी दो हत्थड़ पीटने लगी। लोगो! दौड़ो, हाय लोगो, दौड़ो। अरे मुझ पर बिजली गिरी। हाय मैं जीते जी मर मिटी। हाय–हाय मेरे सरताज का सर ख़ाक में लोटता है। हाय–हाय इसकी गर्दन से ख़ून के शरारे बह रहे हैं। ये कह कर बद-हवासी की हालत में लड़के से चिमटकर ख़ूब चिल्ला–चिल्ला कर रोई। अरे मेरे बच्चे अब तू यतीम हो गया। अरे तेरा बाप दाग़ दे गया। हाय अब मैं कहाँ जाऊँ, उस गले को कहाँ पाऊँ? हाय मेरा सुहाग लुट गया।

ये बेचारी अफ़ीफ़ा दीवानी की तरह सर टकराती फिरती है और सारी दुनिया इसकी नज़रों में अँधेरी थी।

मियाँ आज़ाद ये ख़बर पाते ही तीर की तरह ज़न से दौड़ गए। देखा तो वो सफ़्फ़ाक[11] तलवार लिए मस्त हाथी की तरह चिंघाड़ रहा है। मियाँ आज़ाद ख़ूब बड़े बनौटिए थे, झट से झपट कर दौड़ी सरोही अपने क़ब्ज़े में की और अनवर को हटा कर ये भी पैंतरा बदल ठाठ से सामने जा डटे। वो तो जवानी के जोश में था, और परले सिरे का मग़रूर[12]! पहले हतकटी का हाथ लगाना चाहा मगर आज़ाद ने ख़ाली दी। वो फिर डपटा और चाहा कि चाकी का हाथ जमाए मगर ये आड़े

हो गए। वो फिर झपटा चाहा कि अनी की चोट दे मगर ये हतकटी की तरफ़ झुके तो उसका हाथ आगे न बढ़ा।

आज़ाद — बच्चा! किसी अनेले–गँवार को ये उड़न घाइयाँ बताना। मेरे मुक़ाबिल में छक्के छूट जाएँ तो सही। हाँ –हाँ आओ। चोट पर ये सुस्ताने की सनद नहीं। दे घुस के हाथ, वो रंजक चाट गई।

इतने में वो बाँका झल्ला कर झपटा और घुटना लपक कर पालट का हाथ लगाने ही को था कि आज़ाद ने पैंतरा बदला और तोड़ किया। मोंढा तो उसने बचाया मगर आज़ाद ने साथ ही जनेऊ का वो तुला हुआ भरपूर हाथ जमाया कि उस काफ़िर शक़ी का भण्डारा तक खुल गया। और वो हाथी का हाथी अर्रा कर धम से ज़मीन पर आ रहा। मियाँ आज़ाद को सबने घेर लिया। कोई पीठ ठोकता है, कोई डण्ड मलता है। अनवर लपकते हुए घर पहुँचे। बीबी की जान में जान आई, लड़के को भी अब आराम था।

* * *

---

1 अभिलाषी 2 शिकारी चाक़ू 3 छोटी बन्दूक़ 4 उधार देने वाला 5 लानत 6 क़ब्रिस्तान 7 वह स्थान जहाँ क़त्ल किए गए लोगों सामूहिक दफ़न किया गया हो 8 क़ब्र में 9 भला-मानस 10 पुत्र (इकलौता) 11 ज़ालिम, निर्दय 12 घमण्डी

नशा बुरी चीज़ है

एक दिन मियाँ आज़ाद कोट–पतलून पहने, तुर्की टोपी सर पर जमाए फुर्ती के साथ किसी तरफ़ जाते थे और सामने से एक साहब आते थे। जब दोनों क़रीब पहुँचे तो उसने पूछा—

हज़रत आप अफ़्यून तो नहीं खाते। ख़ुदा की मार अफ़्यून पर शैतान की फटकार। किसी मलऊन ने आज तक हाथ से भी छुई हो। इस काली बला से बन्दा अब तक तो बचा रहा, आइन्दा ख़ुदा मालिक है। वल्लाह! अफ़्यून के तो नाम से नफ़रत है इन जनाब को। अफ़्यून की सूरत देखूँ तो लाहौल पढ़ूँ और जो कहीं अफ़्यून पर हाथ पड़ जाए तो हाथ काट डालूँ। इस वक़्त इसका नाम ज़ुबान पर आया बस जी चाहता है कि पौने दो सौ घड़ों से ज़ुबान पाक करूँ। ये कह कर मियाँ आज़ाद नदी के किनारे जा बैठे। वहाँ से पलट कर जो आए हैं तो कुछ और ही गुल खिला हुआ। देखते क्या हैं कि वो ज़ात–ए–शरीफ़ पड़े आँखें माँग रहे हैं और कराहते हैं। सूरत पर मुर्दनी छाई है, लब ख़ुश्क, आँख तर, सर की फ़िक्र न पाँव

की ख़बर। तब तो मियाँ आज़ाद चकराए कि या इलाही क्या असरार है। पूछा क्यों भई ख़ैर तो है। अभी तो ख़ासे भले–चंगे थे। ये इतनी जल्द काया पलट कैसे हो गई। कुछ मुँह से बोलो, सर से खेलो। उसने काँख–काँख कर आहिस्ता से कहा कि यारो मैं तो मर मिटा। भाई कहीं से पाँच–छह टके की अफ़्यून ले आओ। पियूँ तो आँखें खुल जाएँ। जान में जान आए। बन्दा छुटपने से अफ़्यून का आदी है। वक़्त पर न मिले तो नज़ा[1] की हालत पहुँचे।

आज़ाद — ऐं! ये कैफ़ियत है। हज़रत आपका कहीं ठिकाना ही नहीं। कुछ इन्तेहा[2] भी है! छह टके की अफ़ीम एक दफ़ा ही चट कर गया। आदमी है या बला-नोश[3]। बच्चा एक दिन टें से मर जाओगे।

वो शख़्स — जी बजा है। और आप तो शायद आब–ए–हयात पी कर आए हैं। आक़िबत[4] के बोरिए आप ही बटोरिएगा।

आज़ाद — वाह मियाँ वाह! हो तीखे आदमी। चितवन कहे देती है कि बड़े ख़म–ओ–दम के आदमी हो। रस्सी जली मगर रस्सी का बल न गया। वाह आक़ा[5]! क्यों न हो सिसक रहे हो मगर जवाब तर्की ब–तर्की न दो तो दोज़ख़ ही नसीब हो।

वो शख़्स — हज़रत! अफ़्यून लानी हो लाइए वरना यहाँ बक-बक का दिमाग़ नहीं।

आज़ाद — जी तो इस भरोसे भी न रहिएगा कि हम और अफ़्यून लाएँ। हम तो इस फ़िक्र में बैठे हैं कि आप मरें तो मर्सिया लिखें —

मर गया आज एक अफ़्यूनी

ये पहला मिस्रा होगा। एक बात मानो तो अभी लपक जाऊँ और अफ़ीम लाऊँ। ज़रा लकड़ी के सहारे से उस हरे–भरे पेड़ के तले चलो। वहाँ हरी–हरी घास पर लोट मारो। ठण्डी–ठण्डी हवा खाओ।

वो शख़्स — वाह अच्छी सलाह दी। ऐ मियाँ यहाँ जान दूभर है। चलना–फिरना, उठना–बैठना कैसा।

आज़ाद — भाई कहा मानो मेरे सहारे से चलो।

अल-ग़रज़ मियाँ आज़ाद ने उस अफ़्यूनी को पीठ पर लादा और ले चले। उनकी ये क़ता कि आँखें बन्द मुँह खुला हुआ। मालूम ही नहीं कि जाते कहाँ हैं। एक दफ़ा मियाँ आज़ाद ने उनको नदी में ले जाकर ग़ोता दिया। बस क़यामत हो गई, सितम ढाया। आफ़त का सामना, बला का सामना था। अफ़्यूनी आदमी, पानी की सूरत से नफ़रत। लगे चिल्लाने। बड़ा ग़प्पा दे गया। उम्र भर में आज ही नदी में क़दम रखा। ख़ुदा समझे तुझ से। सन से जान निकल गई। हो–हो, हो–हो। ठिठुर गया। ज़ालिम अब तो रहम कर। इतने में मियाँ आज़ाद ने एक और ग़ोता दिया। तीसरा ग़ोता दिया। चौथा ग़ोता दिया। ताबड़-तोड़ कई ग़ोते दिए। अब उनकी कैफ़ियत न पूछिए। करोरों गालियाँ दीं। लाखों सलवातें सुनाईं। मियाँ आज़ाद ने उनको रेती में छोड़ दिया और लम्बे हुए। और पियो अफ़ीम। सुनिए साहब हमने जो एक दोस्ताना सलाह दी तो कहने लगे तुम आक़िबत के बोरिए बटोरोगे बच्चा! और बढ़–बढ़ कर बातें बनाओ। हात तेरे की। मियाँ आज़ाद वहाँ से चले तो राह

में एक और हज़रत मिले। आदाब अर्ज़ है।

आज़ाद — तस्लीम, आपसे कुछ अर्ज़ करना है।

फ़रमाइए।

वो बन्दा चाण्डू-बाज़ है। इस वक़्त शहर भर में चाण्डू की दुकान ही नहीं। सब चाण्डू वाले मेले गए हैं। वहाँ जाएँ तो शाम हो जाए और फिर जाया किस से जाएगा। हम तो मर रहे हैं। आप कुछ सबील[6] कर दें तो बड़ा ही एहसान हो।

मियाँ आज़ाद ने कहा मैं बताऊँ। सामने नाक की सीध पर चले जाइए। वो हरा–भरा पेड़ नज़र आता है नदी के किनारे। वहाँ एक साहब लेटे हुए चाण्डू उड़ा रहे हैं। आप भी शरीक हो जाएँ।

आहा–हाहा! ओहो–होहो कह कर उचकते हुए चले कि भई दो–चार छींटे तो उड़ाएँगे और ज़रा गरमाएँ। मियाँ आज़ाद एक पचास क़दम गए होंगे कि एक और ज़ात–ए–शरीफ़[7] से दो–चार हुए। क्यों भई घबरू कभी–कभी शराब भी पी है।

तौबा–तौबा।

दोज़ख़ में जलेंगे मय के पीने वाले

तौबा ख़ावर हज़ार तौबा ख़ावर

अजी तुम तो घामड़ ही निकले मियाँ। नाम-ए-ख़ुदा हो जवान कुछ तो किया चाहिए। क्या कहें। बोतल में इस वक़्त एक बूँद तक नहीं वरना आपको ज़रूर मज़ा चखाते। इस वक़्त तबीयत बे-मज़ा है। बन्दा हर रोज़ दो दफ़ा शराब पीने

का आदी है। आज जान अज़ाब में है।

मियाँ आज़ाद ने कहा हम बताएँ, वो देखो सामने इमली का दरख़्त है। चले जाओ। वहाँ दो–चार आदमी बैठे रासी उड़ाते हैं और चुस्की लगाते हैं। जाओ ग़टाग़ट शराब उड़ाओ। मियाँ शराबी तो खिल गए। वाह उस्ताद! क्या बात बताई। इस वक़्त जान बचाई। चलो तुम भी एक चुल्लू में उल्लू हो। मियाँ आज़ाद ने कहा मआज़-अल्लाह। मैं और शराब! आज तक कभी पी न पियूँगा। ये कहते ही मियाँ आज़ाद सीधे नोक-दुम[8] भागे। पीछे फिर के देखना क़सम था। मगर दिल ही दिल में सोचते जाते हैं कि नशा भी क्या बुरी चीज़ है कि ज़रा वक़्त पर न मिला और दम टूटने लगा।

कही पते की और बौखलाहट तो आप के क़रीब नहीं फटकने पाती। फ़ौरन मेरे शेर ने टट्टू की बाग फेरी और लगे उल्टे चलने। रहा मैं! हाए ऐ हज़रत क्या ये उल्टी गंगा बहाई। अरे मियाँ यूँ चलो। यूँ। अच्छा यूँ सही या यूँ सही लेकिन सच कहना कोई बात नशे की पाई जाती है। मियाँ आज़ाद ने अपने कान ऐंठे और कहा बन्दा तो क्या वहम की दवा तो लुक़मान के पास न थी। एक दफ़ा, बीस दफ़ा, पचास दफ़ा समझा दिया कि आप होश की पुड़िया हैं। फिर आप बार–बार क्यों पूछते जाते हैं। ख़ैर ख़ुदा–ख़ुदा करके जानवर को फेरा मगर नशे ने ऐड़न कर दिया। मुसाफ़िर–मुसाफ़िर देखिए क्या क़दम है। न कहोगे। सच कहना। झूठ बोलना और सुअर खाना अपने हिसाब से बराबर है। ज़रा भी नशे की कोई बात पाई गई। क्या मजाल बिल्कुल होश की बातें हैं। हज़रत। ख़ुसूसन इस वक़्त जो आपने घोड़े को फेर दिया था, ऐन होश–ओ–हवास की

निशानी है। और ये बार–बार एक ही बात को दोहराना साहब होश की बातें हैं। जियो शेर। एक कजी और चढ़ा लो तो और टें ही हो जाओ। एक दफ़ा ही आवाज़ आई। मुसाफ़िर–मुसाफ़िर ओ मियाँ बद-हवासी की बात तो मैंने नहीं की। तुम्हें क़सम है अपने दीन और ईमान की। मियाँ आज़ाद ने फिर अपने कान ऐंठे। बद-हवासी तो छू नहीं गई। मआज़-अल्लाह जो कहीं आप बेहोश होते तो मुमकिन था कि घुड़िया का रुख़ फेर देते। एक यही होश की बात है कि कोई अठारह करोड़ मर्तबा मुझ से आप पूछ चुके हैं कि मैं होश में हूँ न फिर मियाँ शह-सवार[9] ने चीख़ना शुरू किया कहो भई मुसाफ़िर देखना हम भी किस ख़म–ओ–दम के जवान हैं। चश्म–ए–बद-दूर दम ग़नीमत है। और ये देखो ज़रा नशे की बू तक नहीं आती। बजा है मुशफ़िक़[10] मैं ख़ूब वाक़िफ़ हूँ। नशा होता तो ऐसे ठिकाने की बातें न सूझतीं। जब मियाँ आज़ाद ने देखा कि अब ये ग़ैन हुए और घुड़िया पर से लुढ़का ही चाहते हैं, अब ख़ैर नज़र नहीं आती है। झट घुड़िया को एक खेत में हाँक दिया और ग़ुल मचाया कि ओ किसान ओ किसान देख ये तेरा खेत चराए लेता है। किसान के कान में जो ये भनक पड़ी तो लठ काँधे पर रख लाखों सलवातें सुनाता हुआ झपटा। आज चचा बना के छोड़ूँगा। रोज़ सुअरी चरा ले जाते थे। आज ही तो हत्थे चढ़े हो। बच्चा जी। अब कहिए क्या दुर्गत बनाऊँ। क़रीब गया तो देखता है कि टट्टूई है और एक आदमी उसपर लदा है। ऐं! ऐन गुल दीगर शगुफ़्त[11], अख़ाह आप हैं। चलिए घर ले चलूँ रात को घर ही पर सोइए। किसान गो किसान ही था गँवार मगर तेज़ तबा। ये झाँसा देकर कि तुमको घर ले चलूँगा सीधा

काँजी हाउस पहुँचा। पीछे–पीछे टट्टूई। एक दफ़ा हज़रत जो चौंके तो हाँक लगाई मियाँ मुसाफ़िर मियाँ मुसाफ़िर भई सच कह दो ज़रा नशे की छाँह तक नहीं है। अच्छा जी। ये अपने हिसाब अभी राह में मियाँ आज़ाद ही के साथ चले जाते हैं। इस वहशत को मुलाहिज़ा फ़रमाइए।

अल-ग़रज़ टट्टूई और सवार दोनों को काँजी हाउस में धकेला और चम्पत हुए। इधर मियाँ आज़ाद ने राह ली। ये बेचारे रात भर काँजी हाउस में रहे सुब्ह को दस आना देकर पीछा छूटा। ख़ुदा इस शराब, ख़ाना-ख़राब[12] को ग़ारत[13] करे।

* * *

---

1 मौत 2 सीमा 3 बहुत (शराब) पीने वाला 4 प्रलोक 5 मालिक 6 उपाय 7 सज्जन 8 नाक की सिध में 9 घोड़े की सवारी करने वाला 10 प्रिय 11 आनन्द 12 अभागा 13 बरबाद करना

अपने हलवे–माण्डे से काम है

मियाँ आज़ाद के तो पाँव में आँधी रोग था। इधर–उधर चक्कर लगाए, रास्ता नापा और पड़ कर सो रहे। एक दिन तलवे खुजलाए तो चले सरा[1] की तरफ़। वो तो कहिए ख़ैर गुज़री कि वहशत ने जंगल न दिखाया। दोनों वक़्त मिलते सरा में पहुँचे। बड़ी चहल–पहल है। एक तरफ़ रोटियाँ पक रही हैं, दूसरी तरफ़ दाल बघारी जाती है। भटियारियाँ मुसाफ़िरों को घेर–घार कर ला रही हैं, साफ़-सुथरी कोठरियाँ दिखा रही हैं। हज़रत इधर–उधर ख़ूब घूमे। देखते क्या हैं कि एक कोठरी के पास एक साहब लहीम–ओ–शहीम[2], फ़र्बा[3]–ओ–जसीम, जैसे ही चारपाई पर बैठने लगे पट्टी टूट गई और हज़रत ग़ड़ाप से झलंगे में हो रहे। हाय मोटापा भी क्या बुरी चीज़ है। अब सुनिए कि गिरे तो उठा नहीं जाता। आख़िर दायाँ हाथ भटियारों ने लिया, बाएँ तरफ़ मियाँ आज़ाद ने हाथ दिया और बड़ी मुश्किल से हज़रत को निकाला। झलंगे से बाहर आए तो निहायत ही ख़फ़ीफ़। पहले तो बी-भटियारी से ख़ूब गलख़प

हुई। वाह अच्छी चारपाई दी। और जो मेरा हाथ या पाँव टूट जाता, सर फूट जाता तो कैसी होती।" "ऐ वाह मियाँ! उल्टा चोर कोतवाल को डाँटे। एक तो छपरखट को चकनाचूर कर डाला, पट्टी के बहत्तर टुकड़े हो गए। देंगे टका! और छह गण्डे पर पानी फेर दिया, दूसरे हमीं को ललकारते हैं।"

अल-ग़रज़ लोगों ने समझा-बुझा कर झगड़ा पाक किया तो हज़रत टहल-टहल कर ये शेर पढ़ने लगे—

बीमार को मुज़िर है नहाना बुख़ार में

मियाँ आज़ाद ने पूछा "या हज़रत कहाँ से आने का इत्तेफ़ाक़ हुआ।" फ़रमाया "यहीं तक आया हूँ।" वाह! कहें खेत की तो सुनें खलियान की। "क़िब्ला आप आए कहाँ से हैं?" "जी वतन से आता हूँ।" "इलाही ख़ैर वतन का कुछ नाम भी है या गुमनाम है" "जी गोपा मऊ में मकान है"

अख़ाह आइए आइए। वल्लाह ख़ूब मिले। तो ये कहिए हुज़ूर का दौलत-ख़ाना[4] गोपा मऊ में है। यहाँ किस ग़रज़ से आना हुआ? हुज़ूर जी बन्दा हकीम है ये कहिए तो आप तबीब[5] हैं? क्या! तबीब! तबीब आप ख़ुद होंगे, हम हकीम हैं। तबीब कहीं और रहते होंगे। ख़ैर साहब वो तबीब नहीं आप हकीम। बल्कि सुल्तान-उल-हुकमा[6] सही ख़फ़ा क्यों होते हो साहब। क्या यहाँ मतब करने का क़स्द[7] है? और नहीं तो क्या भाड़ झोंकने आया हूँ या शनीचर पाँव पर सवार था भला ये फ़रमाइए कैसा मुक़ाम है, लोग किस फ़ैशन के हैं, आब-ओ-हवा कैसी है। हज़रत ये न पूछिए। बाशिन्दे शोरा-पुश्त[8], चाक़-चौबन्द, आँठों गाँठ कमिय्यत। और आब-ओ-

हवा का तो ख़याल ही न कीजिए। बरसों रहिए, अगर किसी दिन सू–ए–हज़्म की शिकायत हो तो जुर्माना दूँ। पाव भर की ग़िज़ा हो तो तीन पाव खाइए। डकार तक लीजिए तो मुझे सज़ा दीजिए। ये सुनकर हकीम साहब ने मुँह बनाया और गो लाख ज़ब्त किया मगर बे-इख़्तियार बोल उठे लाहौल वला क़ुव्वत। बड़े बुरे फँसे। ऐं बुरे फँसे! ये क्यों!

अजी आब–ओ–हवा मरग़ूब[9] है। बीमारी का नाम नहीं, ये तो अच्छा मुक़ाम है। लाहौल के क्या माने! हज़रत आप निरे कोढ़-मग़ज़[10] हैं। एक तो आपने ये गोला मारा कि आब–ओ–हवा अच्छी है। इतना नहीं समझते कि आब–ओ-हवा अच्छी है तो हम से क्या वास्ता। हमें कौन पूछेगा बस हाथ पर हाथ धरे, बेकार बैठे मक्खियाँ मारा करेंगे। हम तो ऐसे शहर जाना चाहते हैं जहाँ हैज़े का घर हो, बुख़ार पीछा न छोड़ता हो, डेंगू रोज़ टेटुआ दबोचे, क़ब्ज़ और पेचिश की सब को शिकायत हो, आब-ओ-हवा में ज़हर की ख़ासियत हो, चेचक का वो ज़ोर हो कि अल-अमान[11]। जब अलबत्ता हमारी हण्डिया चढ़े। आपने तो वल्लाह आते ही गोला मारा, हत्थे ही पर टोक दिया और माशा-अल्लाह किस हमदर्दी से आप फ़रमाते हैं कि सू–ए–हज़्म की शिकायत न होगी। वाह सू–ए–हज़्म की शिकायत उनको होती होगी जो ज़ोफ़-ए-मेदा के आरिज़े[12] में मुब्तिला हैं। और उस पर तुर्रा ये कि पाव भर के एवज़ में तीन पाव ग़िज़ा खाने लगूँ। वाह वा वाह। पड़ा ही कर दिया। आमदनी टका नहीं और खाएँ चौगुना। तो फ़रमाइए मरे या जिए। न साहब बन्दा सवेरे ही बोरिया–बँधा उठा कर चम्पत होगा। ऐसे मनहूस शहर में मेरी बला रहे जहाँ सब हट्टे–कट्टे

ही नज़र आते हैं। जिसे देखो डण्ड पेल, सण्डा बना हुआ। भला कोई ख़ास आरिज़ा भी यहाँ है या आरिज़े का इस तरफ़ गुज़र ही नहीं हुआ" "हज़रत यहाँ के पानी में ये तासीर है कि बरसों का मरीज़ आए और एक क़तरा पी लिया चाहे, बस ख़ासा हट्टा–कट्टा।" "लाहौल! पानी क्या आब–ए–हयात है? तो सही जो पानी में ज़हर न मिला दिया हो। ऐ तो क़िब्ला हज़ारों कुएँ, सैंकड़ों इन्दारे, पचासों बावलियाँ, किस–किस में ज़हर मिलाते फिरिएगा? "ख़ैर भई समझा जाएगा मगर बुरे फँसे। वल्लाह बहुत बुरे फँसे। इस वक़्त होश ठिकाने नहीं है। मेहतरानी! बी-मेहतरानी ज़रा हमको पंसारी की दुकान से तोला भर सिकंज-बीन[13] तो ला देना। इस वक़्त जी क़ाबू में नहीं है।" "ऐ मियाँ पनसारी यहाँ कहाँ? किसी फ़कीर की दुआ ऐसी है कि यहाँ हकीम और पंसारी जमने ही नहीं पाता। कई हकीम आए मगर गोर में हैं। कई पंसारियों ने दुकान जमाई मगर चिता पर फूँक दिए गए। यहाँ तो बीमारी ने न आने की क़सम खाई है अरे तौबा! अरे तौबा! भई वल्लाह क्या निकम्मा शहर है। ख़ुदा–वन्दा बचाइयो। इस तरफ़ रुख़ जो आज से करे उस पर लानत है। यारो ख़ुदा के लिए हमें टट्टू किराया कर दो तो रफ़ू-चक्कर हो जाएँ। पेच पी हज़ार नेमत खाई। ऐसे शहर की ऐसी–तैसी। ग़ज़ब ख़ुदा का यहाँ पंसारी तक नहीं।

* * *

---

1 घर, हवेली 2 मुसटण्डे 3 मोटे 4 घर 5 बड़ा डॉक्टर 6 बड़ा हकीम 7 इरांदा 8 उपद्रवी 9 रूचिकर 10 बेवक़ूफ़ 11 ख़ुदा की पनाह 12 बीमारी 13 नीबू का शरबत

आठवन का मेला

वहाँ से जो मियाँ आज़ाद तीर की तरह रवाना हुए तो राह में देखा कि कई मुसाफ़िर लदे–फँदे जा रहे हैं। क्यों भई इस वक़्त कहाँ? लखनऊ। लखनऊ! ये क्यों! क्यों क्या! आठवन का मेला है या नहीं। इस धूम–धड़ाके का मेला देखा न सुना। हाँ! तो अब हम भी चलते हैं। मुहर्रम–उल–हराम और बहार–ए–बसन्त के तो ख़ूब मज़े उड़ाए। अब चलिए ये मेला भी देख लें। क्या जाने फिर हाथी छूटे घोड़ा छूटे। ये कहकर मियाँ आज़ाद भी लखनऊ चले। नूर के तड़के दाख़िल, सुभानल्लाह क्या सुब्ह है जिधर देखो नूर। जिधर जाओ लुत्फ़ और सुरूर। शम्बा का दिन था। देखते क्या हैं कि सुब्ह ही से मेले का रंग जमा है। गुट के गुट, ठट के ठट। शोहदे–लुक़्क़े, टोरे–लुच्चे, गिरहकट, जेब कतरे, चरसिये–मदकिये, कंजड़े–भंगड़े, शरीफ़–ओ–रज़ील, अमीर–ओ–ग़रीब जूक़–जूक़[1] उमड़े आते हैं। बग्घी पर बग्घी टूटी पड़ती है। गाड़ी से गाड़ी लड़ती है। रंगीलों–छैल छबीलों की बन

आई, गाढ़ी बूटी चढ़ाई। बन–ठन के छैला बन के मेला देखने चले। बालों में हिना का तेल छोड़े, कैचलेट का धानी रूमाल ओढ़े, दो अँगुल माँग खोले, बाण्डी से पट्टियाँ जमाए, घड़ी लगाए, दाढ़ी चढ़ाए, गले में गुलू-बन्द[2] दिल-फ़रेब, शरबती का अंगरखा तन का ज़ेब, पाँव में मख़मली जूती, काशानी या सूती। क़हक़हे उड़ाते आँखें लड़ाते जा रहे हैं, इधर–उधर देख कर मुस्कुरा रहे हैं। फ़िनस[3] पर औरतें ठस्से से बैठी हैं मगर बन्द। हटो बच्चों का शोर हो रहा है। साक़ियों का बाज़ार गर्म। किसी ने दो कश पिए, टिक्का हथियाया। साक़िनों की दुकानें धुआँधार। तम्बोलियों के बीड़े मज़ेदार। कान मैलिये की सर-गोशी। हज्जाम की रुनुमाई। बर्फ़ वाले की सर्द-मोहरी सुंकरणों की हाँक। आँब के मजमे की कमरख[4] हैं। काबुल का मेवा रसभरी, ताजे गुलाबियाँ शहतूत, बूट लो हरे–भरे बूट। किसी तरफ़ सुर्मा-मिस्सी शीशा, कंघी, दिया सलाई की डिबिया है। बख़्शी भोलानाथ का बाग़ मेले की जान है। टिकैत राय का तालाब हज़ारों में इन्तख़ाब, लाखों में लाजवाब है। जो सलसबील[5] और कौसर को शरमाए, तस्नीम देखे तो पानी–पानी हो जाए। अजब लुत्फ़ है। हज़ार-हा तमाशाई तालाब के इर्द–गिर्द बिस्तर जमाए, कोई दरी कोई ज़ीन-पोश[6] बिछाए बैठा मेला देख रहा है। कोई चक्कर लगाता है कोई हवा खाता है। एक फ़िनस पर एक जवान ढोह का ढोह, पच्चीस बरस का सिन, चलने–फिरने के दिन लदा हुआ जा रहा है। कोई टट्टू को टख़–टख़ करता आ रहा है। अमीरों के लड़के ज़ेवर से गोन्दनी की तरह लदे मिठाई ख़रीदने में मसरूफ़ हैं मगर ख़िदमतगार देख–भाल रहा है कि कोई चालाक हाथों–हाथ

पाँव के घुँघरू न उड़ा ले। औरतें अलग ज़ेवर पहने, घूँघट काढ़े दुबकी चली जाती हैं कि कोई चूहे दतियाँ न मूस ले जाए। तख़्त-रवाँ[7] आते हैं, स्वाँग–करतब दिखाते हैं। शोबदे-बाज़[8] स्वाँग लाते हैं। कोई दहकता अंगारा खा गया, कोई लोहे के चने कर्र–कर्र करके चबा गया। ब्राह्मण डोल लिए गश्त लगाते हैं, सिक़्क़े और बहिश्ती कटोरे खनखनाते हैं। सह–पहर तक ख़ूब जमघटा रहा। चराग़ रौशन हुए और यार लोग खिसके। किसी ने मिट्टी का बबुआ लिया, किसी ने रूई का लंगूर। इतने में एक रेला आया तो खिलौने चकनाचूर। एक ने ग़ुल मचाया कि वो हाथी आया। भीड़ छट गई और वो दर्राते हुए चले। मगर बिगड़े दिल अपनी जगह से न टले। शरबती का अंगरखा चाहे इन गाज़ोरियों में चर्र से निकल जाए मगर मुमकिन क्या है कि बल जाए। इस भीड़–भाड़ में पुलिस का इन्तज़ाम ख़ूब रहा। चोट्टे–उचक्के जाकर पछताए, भले-मानुस मज़े से घर आए।

* * *

---

1 झुण्ड का झुण्ड 2 मफ़लर 3 डोली 4 एक पीले रंग का खट्टा फल या उसका पेड़ 5 मीठा पानी, स्वर्ग की एक नदी का नाम 6 घोड़े की पीठ पर डालने वाला गद्दा 7 वो तख़त जिसे कहार उठा कर चलते हैं 8 जादूगर

ज़ईफ़–उल–ऐतक़ादी

मियाँ आज़ाद को एक दिन शौक़ चर्राया कि किसी मस्जिद में जाकर नमाज़-ए-दोगाना[1] पढ़ें। सोचे कि आज जुमा है। मकतबों में ये आज़ादी का सिक्का बिठाता है। मस्जिदों में इसके नाम का ख़ुत्बा[2] पढ़ा जाता है। जिधर देखो तस्बीहें खटाखट चल रही हैं। बा-र-कल्लाह[3] क्या बरकत का दिन है कि हर दर–ओ–दीवार से फ़ैज़ बरसता है।

मियाँ आज़ाद ऐसे मज़े में आए कि फ़ौरन खड़े हुए। देखते क्या हैं कि बड़े–बड़े मौलवी–मौलाना और क़ाज़ी व मुफ़्ती और शेख़ अमामा सर पर धरे और क़बा[4] पहने अकड़ते चले जाते हैं। चेहरे से नूर बरसता है। इतने में दो आदमी, जिनमें एक मोटा था एक दुबला–पतला, जिन्न और चुड़ैल की बातें करते इनके क़रीब आए।

मोटा — यार तुम तो मग़ज़ के भेजे के गूदे के कीड़े तक चाट गए बड़े बिक्की[5] हो। लाखों दफ़ा समझाया कि ये सब ढकोसला है। मगर तुम्हें तो कच्चे घड़े की चढ़ी है। तुम कब

सब सुनने वाले हो। मर्द आदमी ये सब लग़्व[6] बातें हैं, वल्लाह बनी हुई बातें हैं।

दुबला — क़िब्ला मर्द आदमी तो ख़्वामख़्वाह आप ही हैं। माशाअल्लाह ये तन–ओ–तोश, वल्लाह गैण्डे बने हुए हो। यार किस चक्की का पिसा खाते हो। मोटे आदमी तो बहुत देख डाले मगर वल्लाह है जो ऐसी कलाई एक की हो। मुटापा फटा पड़ता है मगर उस्ताद जैसे तुम भद्दे वैसी तुम्हारी अक़्ल भद्दी।

मोटा — बजा[7] है पीर–ओ–मुर्शिद। यूनान के हुकमा का सरताज थियोलिज़ भी बड़े तन–ओ–तोश का आदमी था। मगर अच्छे–अच्छे हकीम आलिम उसके सामने सर झुकाए थे। ये बहस में मोटे और दुबले से क्या वास्ता। अगर आप भूत–प्रेत दिखावें तो टाँग के रास्ते निकल जाऊँ।

दुबला — हाँ ये दावा भी परसों ही का तज़्किरा है कि मेरे एक दोस्त ने आधी रात के वक़्त दीवार पर एक चुड़ैल देखी। चोटी नाफ़ तक और चम्पे का मूबाफ़[8]। बाल–बाल मोती पिरोए हुए। ये चुप–चाप पड़े रहे, हिले तक नहीं मगर आप कह देंगे झूठ है।

लहीम — भाई ये सब गप है। ये वहम वो बला है जो सूरत बना दे और सुना दे। दिखावे चला–फिरा दे आप क्या जानें। अभी जुमा–जुमा आठ दिन की तो पैदाइश है आपकी। और मियाँ करोड़ बातों की एक बात ये है कि बे-देखे ईं-जानिब न मानेंगे। लोग बात का बतंगड़, सूई का भाला, बद-रौ का नाला बना देते हैं। एक सही तो निन्नानवे लग़्व। पत्ता खड़का

और बन्दा सरका। और आप ऐसे ढुलमुल यक़ीन हज़रात का तो कहीं ठिकाना ही नहीं। जो सुना फ़ौरन तस्लीम कर लिया। दलील से सरोकार नहीं। रात को दरख़्त की फुनगी पर बन्दर देखा और रूह फ़ना हो गई कि प्रेत झाँक रहा है। बोले और टेटुवा लिया। कुलबुलाए और गला दबोचा, ज़रा हिले और शामत आई। अँधेरे घुप में तो यूँ इंसान का जी घबराता है। और जो भूत–प्रेत का ख़याल जम गया तो सारी चौकड़ी भूल गए। हाथ–पाँव सब फूल गए। बिल्ली ने म्याऊँ किया और जान निकल गई। चूहों की खड़बड़ सुनी और बिल ढूँढने लगे। अब जो चीज़ सामने आएगी प्रेत बन जाएगी। इस वहशत के क़ुर्बान। मियाँ बन्दा दरगाह सब पापड़ बेल चुके हैं। कई जिन्न हमने उतारे, कई चुड़ैलों से हम ने मुहल्ले ख़ाली कराए। जहाँ दस जूते खोपड़ी पर जमाए और प्रेत ने बक़चा सँभाला। मियाँ हम जीते–जागते भूत हैं और पढ़े–लिखे जिन्न। ये सब ढकोसला ही ढकोसला है कोई हम पर बला आवे तो जानें। और यूँ ग़प उड़ाने को कहिए तो हम भी बे पर की उड़ाने लगें। याद रखो, ये आमिल–वामिल सब पक्के सियार हैं।

रोटी तो कमा खाए किसी तौर मछन्दर

बन्दर न नचाए, मुर्ग़ न लड़ाए, पतंग न छपकाए। भूत–प्रेत ही झाड़ने लगे। इतना नहीं सोचते कि भूत–प्रेत, चुड़ैल, ब्रह्मराक्षस को मानो तो फिर लोना चमारी और नट तीता इता को भी मानो। अब आप ही इंसाफ़ कीजिए कि लोना चमारी को कोई भी मानेगा। अरे ग़ज़ब! अरे सितम।

दुबला — ख़ैर इस तू–तू मैं–मैं से क्या वास्ता। चलिए हमारे

साथ यहाँ से कोई दो–तीन कोस के फ़ासले पर गाँव है। वहाँ एक साहब रहते हैं। अगर आपकी खोपड़ी पर उनके अमल से भूत न चढ़ बैठे तो मूँछ मुँडवा डालूँ। कहिएगा शरीफ़ नहीं चमार है। पस आप चलिए। दावा बे-दलील के बेकार और फ़ुज़ूल होता है। बन्दा सुबूत देगा। आप ने तो जहाँ ज़रा सी चढ़ाई और बस कहना शुरू किया कि सब पूच, सब हेच। पीर–ओ–पयम्बर, देवी–देवता, भूत–प्रेत, हूर–क़ुसूर, शैतान, ख़ब्बीस, बहिश्त, दोज़ख़ तक के आप क़ायल नहीं लेकिन आज ठीक बनाए जाइएगा।

ये कह कर दोनों उस गाँव की तरफ़ चले। मियाँ आज़ाद तो दुनियाभर के बे-फ़िक्रे थे ही। शौक़ चर्राया कि चलो सैर देख आओ अच्छी दिल्लगी होगी। ये भी इन ख़यालात के जानी दुश्मन थे। अब कहाँ तो मस्जिद जाते थे कि दोगाना की नमाज़ पढ़ें, कहाँ तमाशा देखने का शौक़ हुआ। मस्जिद को दूर ही से सलाम किया और सीधे सरा चले। अरे कोई इक्का किराया को होगा। कोई इक्के वाला है। अरे मियाँ कोई भटियारा इक्का भाड़े करेगा। जी हाँ कहाँ को जाइएगा। कहाँ को। सिक जमलदीपुर। क्या दीजिएगा। पहले घोड़ा–इक्का तो देखें। इक्का वाला — वो क्या कमानी-दार इक्का खड़ा है और ये सरतग घोड़ी है।

आज़ाद — अरे! तौबा। मरियल। दुबली–पतली। हड्डी–हड्डी गिन लो। ये तो कोई नौ दिन में अढ़ाई कोस चलेगी।

कौन? ये घोड़ी! वाह हुजूर। हवा से बातें करती जाती है। बैठे और दन से पहुँचे।

आज़ाद — वाह वाह! घुड़िया क्या रेल का इंजन है कि चलते ही अलोप इंजन हो जाती है। अच्छा कसो चार आने देंगे।

धेली के पैसे लेंगे।

मियाँ आज़ाद दूसरी तरफ़ चले, फिर पलटे — पाँच आने।

इक्का वाला — नाहीं ख़ुदा-वन्द। सात गण्डे से कौड़ी कम न लेंगे।

आज़ाद — अच्छा कसो। इतने में मियाँ आज़ाद ने एक साहब से पूछा क्यों हज़रत इस गाँव को सिक जमलदीपुर क्यों कहते हैं। बन्दा-नवाज़ इसकी बड़ी दास्तान है। एक साहब थे शेख़ जमालुद्दीन उन्होंने गाँव बसाया और शौक़ चर्राया कि अपना पूरा नाम रख दें। शेख़ जमालुद्दीन पूरा नाम रखा। गँवार आदमी शेख़ जमालुद्दीन क्या जानें। उन्होंने शेख़ का सिक और जमाल का जमल और उद्दीन का दी कर दिया। इतने में इक्के वाले ने आवाज़ दी कि इक्का तैयार है। मियाँ आज़ाद जल्दी से इक्के पर सवार हुए और इक्का खड़खड़ाता चला। रास्ते में उन्होंने पूछा कि क्यों भई दिन भर में क्या मिल रहता होगा।

इक्के वाला — ऐ हुजूर अब रुजगार कहाँ। सुब्ह से शाम तक जो मिला बराबर हो गया। दो–ढाई आने जानवर खा गया। दो–तीन गण्डे घर के ख़र्च में गए, ढेले–पैसे का सुल्फ़ा–तबाख़ू उड़ाया। फिर वही ख़ाली हात। महाजन के पच्चीस रुपए छह महीने से बेबाक न हुए। और जो कहीं कच्चे में चार–पाँच कोस ले गए तो पट्ठियाँ धँस गईं, बेज़नी हाल, धुर्रे दरे, अंजर–पंजर सब निकल गए। दो–चार के माथे गई।

और मियाँ रुजगार तो तुम्हारी सलामती से तब हो जब ये रेल उड़ जाए। इसने सब रुजगार ले डाले। अब आप ही ने सात गण्डे जमलदीपुर तक के दिए मुल तीन चक्कर लगा कर। ये तो रुजगार रह गया है। मल–मल के पैसा निकलता है। कोई वो पौने दो घण्टे में मियाँ आज़ाद सिक जमलदीपुर पहुँचे। पता–वता उनको मालूम ही था। सीधे चले और आमिल के मकान पर खट से दाख़िल। अल्लाह–अल्लाह बड़ी भीड़ है। ख़लक़त है कि उमड़ी चली आती है। औरत–मर्द टूटे पड़ते हैं, तमाशाइयों का ताँता लगा है। एक आदमी से उन्होंने पूछा क्या आज यहाँ मेला है। नाहीं मेला–वेला नाहीं। एक मनई के मूड़ पर आज प्रेत आए है। सब देखें आवत हैं। हाँ हाय दिल्लगी। उस झुण्ड में उन्होंने उस मोटे–ताज़े आदमी को ढूँढ निकाला जो दावा करके आए थे कि भला हम पर तो कोई प्रेत बुलावे और तन्हा एक गोशे में ले जाकर यूँ कहा।

आज़ाद — मियाँ हम उस वक़्त मस्जिद के पास तुम्हारी चे–मी-गोइयाँ कान धर के सुन रहे थे। ख़ुदा की क़सम आज तक कभी हम भूत–प्रेत के क़ायल हुए हों। यार अब कुछ ऐसी तदबीर करनी चाहिए कि उस आमिल की क़लई खुल जाए।

मोटा — और मैं आया किस फ़िक्र में हूँ। आप ख़ामोश रहें देखिए मैं अभी–अभी ठीक बनाता हूँ। सारी मशख़ियत[9] किरकिरी हो जाए तो सही। आज ही तो फँसे हैं बच्चा! ऐसा दबाऊँ कि छट्टी का दूध निकल पड़े। अब हम एक से दो हुए।

इतने में आमिल[10] साहब अब्बासी तहबन्द बाँधे, लम्बे–

लम्बे बाल बढ़ाए, हिना का तेल पड़ा हुआ, पट्टियाँ जमी हुईं, माँग निकाले, खड़ाऊँ पहने तशरीफ़ लाए। आँखों से जलाल बरसता था। जिस की तरफ़ नज़र भर के देखा वही काँप उठा। किसी ने क़दम लिए, किसी ने सरी टेक की और उन्होंने ग़ुल मचाना शुरू किया कि धूनी मेरी जलती है। जलती है और मलती है। धूनी मेरी जलती है। खड़ी मूँछें और चढ़ी दाढ़ी लम्बे गेसू[11] वाला। लम्बी ज़ुल्फ़ों वाला है। मेरा दर्जा आला है। झूम–झूम कर उन्होंने हाँक लगाई तो हवाली–मवाली सब सन्नाटे में हो गए। एक दफ़ा ही चिल्ला कर पुकारा कि किसी को दावा हो तो आ कर कुश्ती लड़े। हाथी को टक्कर दूँ तो चिंघाड़ कर नोक–दम भागे (ख़म ठोक कर) आ। कौन आता है। अब सुनिए कि पहले से शख़्स को सिखा–पढ़ा रखा था, वो तो सधा हुआ था ही, झट खड़ा हो गया। हम लड़ेंगे। लोगों ने देखा कि एक डण्ड–पेल कुश्तीगीर मुक़ाबले के लिए खड़ा हुआ है। तीन इंछ की दबीज़[12] गर्दन। गेण्डा बना हुआ। ख़ुदा ही ख़ैर करे। मगर आमिल की वो हवा बँधी थी कि लोग पहलवान की हालत पर अफ़सोस करते थे कि बेधा है। आमिल चुटकियों में जादू के ज़ोर से चुरमुड़ कर डालेगा।

अल-ग़रज़ दोनों आमने–सामने आए। और आमिल ने गर्दन पकड़ते ही ज़मीन पर दे पटका। वो मारा का दोंगड़ा बरस गया और पहलवान पन्द्रह मिनट तक बेहोश बना रहा। मियाँ आज़ाद ने मोटे से कहा कि ये मिली भगत है। इसी तरह गँवार मोतक़िद[13] हो जाते हैं। उन्होंने कहा कि अजी मैं ऐसे मज़दूरों की क़ब्र तक से वाक़िफ़ हूँ। ये बातें हो ही रही थीं कि मियाँ आमिल ने फिर अकड़ते हुए हाँक लगाई। कोई और ज़ोर

आजमाएगा। मियाँ आज़ाद ने आव देखा न ताव चट लंगोट बाँध धम से कूद पड़े। आओ उस्ताद एक–एक पकड़ हम से भी हो जाए। तब तो आमिल साहब चकराए कि ये अच्छे बिगड़े दिल मिले। पूछा आप अंग्रेज़ी-ख़्वान हैं। आज़ाद ने कड़क कर कहा हज़रत मैं हफ़्त ख़्वान हूँ। बस अब सँभलिये मैं आ गया। ये कह कर घुटना टेक कर क़िला जंग के पेच पर मारा चारों शाने चित। आमिल ज़मीन पर धम से गिरे। इनका गिरना था कि मियाँ आज़ाद छाती पर चढ़ बैठे। अब बताओ बच्चा काट लूँ नाक, कुतर लूँ कान। बाँधूँ दुम में नम्दा। हात तेरे की आमिल बने हैं। मोटे ने झपट कर आज़ाद को गोद में उठा लिया वाह उस्ताद क्यों न हो। मियाँ आमिल की सारी शेख़ी ख़ाक में मिल गई। गँवारों का अक़ीदा जाता रहा। बेचारे को उसी दिन गाँव छोड़ना पड़ा। मियाँ आज़ाद उस रंगे सियार आमिल को पटख़नी बता कर और गाँव के ढुलमुल-यक़ीन गँवारों को सीधे रास्ते पर लगा कर, मियाँ मोटे ख़ान को साथ ले, हाथ में हाथ दे शहर की तरफ़ चल खड़े हुए। रास्ते में उसी आमिल की बातें, मज़े–मज़े की चे–मी-गोइयाँ, खिल्ली बाज़ियाँ, ठट्‌ठे होते जाते हैं। क्यों सच कहना कैसा अड़ंगा दिया बहुत बिलबिला रहे थे बच्चा —

समझे थे अब मेरा कोई सर-कूब ही नहीं
फ़िरऔन के लिए कोई मूसा न आएगा

यहाँ उस्तादों की आँखें देखी हैं। पोर–पोर में पिचैती[14] कूट–कूट कर भरी है। एक–एक पेच के दो–दो सौ तोड़ याद हैं। घण्टों लड़ूँ हाँपने का नाम न लूँ मुमकिन क्या कि दम टूटे। लड़न्तिये का तो केण्डा ही उसका न था। गर्दन

मोटी नहीं, छाती चौड़ी नहीं। बदन कटा–पिटा नहीं, कान टूटे नहीं। चितवनों से ताड़ गया कि घामड़ है। गर्दन पकड़ते ही चुरमुर कर डाला। मारा चारों शाने चित धड़ से ज़मीन पर गिरा। आमिल की दुम बने थे। याद ही तो करता होगा। क़सम हुसैन की जो इन बातों की ज़रा भी असलियत हो। कैसा प्रेत, किसका भूत, कहाँ की चुड़ैल। सब ढकोसला। सब गप। मगर ख़लक़त भी क्या भेड़िया धसान है। सुन लिया चाहें बस फ़ौरन ईमान लाएँ। और सुनिए एक मर्तबा एक बने हुए आमिल पलथा मार कर बैठे और लगे बँकारने कि कोई छुपा कर हाथ में फूल ले हम चुटकियों में बता देंगे। आग लग गई वल्लाह शोले बदन से निकलने लगे। मैंने कहा अच्छा। हम ने फूल लिया आप बताइए तो सही। पहले तो आँखें नीली–पीली करके मुझे डराने लगे। मैंने कहा मियाँ अक़्ल के नाख़ून लो। मैं इन गीदड़ भबकियों में न आने का। ये पुतलियों का तमाशा किसी नादान को दिखाओ ले बताओ। थोड़ी देर सोच–साच कर बोले ज़र्द[15] फूल है। मैंने कहा कहीं हो न ज़र्द। इतना कहना था कि कहाँ फूल का रंग ज़र्द बताते थे कहाँ ख़ुद हज़रत का चेहरा ज़र्द हो गया। रंग फ़क़। —

काटो तो लहू नहीं बदन में

फिर घबरा कर फ़रमाया कि अरे धोका हुआ सब्ज़ फूल है। मैंने कहा वाह भई लाल बुझक्कड़ क्यों न हो। ये तमाशा देखे कौन। हरा फूल आज तक देखा न सुना। अच्छा शगूफ़ा छोड़ा। वल्लाह ये नया गुल खिला। वाह मछई। मेरा इस क़दर कहना कि उनका गुलाब सा चेहरा कुम्हला गया। मेरी बातें काँटे की तरह चुभने लगीं और इधर —

लोगों को शगूफ़ा हाथ आया

वल्लाह कोई उस वक़्त उनकी बेकली देखता और मैं जामे में फूला न समाता था, ग़ुंचे की तरह खिला जाता था। इन बातों से उन्हें ऐसा ख़ार हुआ कि बगूला बनके वहाँ से पत्ता तोड़ भागे।

मोटे ने कहा उस्ताद वल्लाह–बिल्लाह एक तुम को अपना हमदर्द पाया। यार हम भी ये सब मारका[16] झेले हुए हैं सब खेल खेले हुए हैं। सुनिए एक दफ़ा एक सोहबत में जाने का इत्तेफ़ाक़ हुआ तो क्या देखता हूँ कि एक मुल्ला जी ग़ैबदान बने बैठे हैं और अच्छे–अच्छे तरबियत याफ़्ता उनका कलमा पढ़ते हैं। पूछा आपकी तारीफ़ कीजिए। एक साहब ने, जो उस मक्कार का ईमान ला चुके थे, दबे दाँतों कहा शाह साहब ग़ैबदान[17] हैं। आपके कमालात के झण्डे गड़े हुए हैं। दस–पाँच ने तो उनको आसमान पर ही चढ़ा दिया। मैंने कहा जो उसे झण्डे ही पर न चढ़ाऊँ तो कहना। पूछा शाह जी साहब क़िब्ला ये तो बताइए कि हमारे घर में लड़का कब तक होगा। शाह जी समझे कि ये भी निरे चोंगा ही हैं। चलो अनाप–शनाप बता कर चोंगा करो और कुछ ले मरो। मेरा और मेरे बाप–दादा और उनके बाप के परदादा का नाम पूछा। यहाँ हाफ़िज़े की ये कैफ़ियत है कि बाप का नाम तो अक्सर याद रहता है, दादा-जान का नाम किस मलऊन को याद हो मगर ख़ैर जो ज़बान पर आया उलूल–जुलुल बताया। तो हज़रत फरमाते हैं बच्चा दो महीने के अन्दर ही अन्दर बेटा ले। हाय! शाह साहब क़िब्ला ज़री सँभले हुए। अब तो कहा अब न कहिएगा। देखिए मैं जताए देता हूँ क्या ख़ूब आप अच्छे मिले अजी

हज़रत कुछ ख़बर है। पन्द्रह दिन तो बन्दे की शादी को हुए और आप फ़रमाते हैं कि दो महीने के अन्दर ही अन्दर लड़का ले। वल्लाह दूसरा कहता तो ख़ून पी लेता। इस फ़िक़रे पर यार–लोग खिलखिला कर हँस पड़े। वो फ़रमाइशी क़हक़हा पड़ा कि कमरा गूँज उठा और शाह जी के आए हवास ग़ायब हो गए। दिल में तो करोड़ों ही सलवातें सुनाईं होंगी। ऐ हज़रत क्या अर्ज़ करूँ उस तरफ़ लोग उन्हें मआज़-अल्लाह ख़ुदा समझते थे। शाह जी कभी रुपया बरसाते थे कभी बे फ़स्ल का मेवा मँगाते थे। कभी घड़े को चकनाचूर करके फिर साबुत कर दिखाते थे। ग़रज़ कि सैंकड़ों ही अलसीठें[18] याद थीं मगर मियाँ मेरे सामने तो एक न चली। नाम सुना तो हक्का–बक्का हो गए। सूरत देखी और थर्रा उठे। जैसे साह चोर से और साँप मोर से डरे। मियाँ आज़ाद ने मुस्कुरा कर कहा कि वल्लाह साह और चोर की अच्छी तश्बीह[19] दी। भई सुनो आज़ाद हम गँवार आदमी तीन–पाँच तो जानते नहीं हमें बात करना क्या आए। यार हम तो दोस्त के दोस्त हैं मगर ऐसे क़ाबूचियों[20] के अलबत्ता दुश्मन हैं। जहाँ मैं हूँ भला किसी सिध या शाह जी या आमिल का रंग जम तो जाए। क्या मजाल। रगेद–रगेद कर और खदेर–खदेर कर मारूँ, अदमरा कर दूँ तो वज्ह क्या मैं तो ज़माना भर का न्यारिया। छटा हुआ शोहदा। एक ही काइयाँ हो न। मुझसे उड़ कर जाएँगे कहाँ। नीचे पाताल तक की तो ख़बर मैं लाऊँ। ऊपर आसमान में थगली लगाऊँ। मुझ पर भला वो बेचारे क्या हाथ साफ़ करेंगे।

मियाँ आज़ाद कड़ी कमान के तीर की तरह चल खड़े हुए और सीधे रेल के स्टेशन पर पहुँचे। लगे प्लेटफ़ार्म पर

चहलक़दमी करने। पल मारने की देर हुई थी कि सामने से नूर का बुक्का नज़र आया। चका–चौंद का आलम था। इनके कान खड़े हुए कि ये क्या?

इतने में देखते क्या हैं कि अग़ल–बग़ल मशाल रौशन, इधर–उधर मुसाहिबीन[21], रूफ़क़ा, ख़ुशामद ख़ोरे, लेमू निचोड़ बीच में एक रईस बड़े ठस्से से आ रहे हैं। हटो बच्चो दूर बाश–ओ–अदब की आवाज़ बुलन्द है। सब के पहले उस झुण्ड की नज़र मियाँ आज़ाद पर पड़ी। जो है इन्हीं को घूर–घूर कर देखा रहा है। ये उस वक़्त वहशत में जो आए तो और भी डबल चाल चलने लगे। रईस के मुसाहिबीन सब हाज़िर जवाब, तेज़ तबीयत, ज़बान-दराज़[22], फ़िक़्रा-बाज़, ठिठोल–फब्ती कहने में मश्शाक़[23] थे। फब्ती न कहें तो ज़हन कुन्द हो जाए। एक ने कहा हुज़ूर देखिएगा ये फ़िरंगी भी वल्लाह अक़्ल के पतले हैं। आसमान में उन्होंने ही थगली लगाई। ज़रा देखिए तो बे पटरी के छोटा–मोटा इंजन चबूतरे पर चला दिया। दूसरा बोला ख़ुदा की क़सम क्या लाग है। तीसरे ने फ़रमाया ख़ुदा-वन्द ये चलता पुर्ज़ा है। चौथे, माशाअल्लाह ज़रा इस वहशत को मुलाहिज़ा फरमाइएगा। ये गर्मी और आप स्याह बानात का दुगला डाँटे घूम रहे हैं। पाँचवाँ, ग़ुरूर के नशे में झूम रहे हैं। छटा, ये सर है या धेले वाला कद्दू, ये तोन्द है या बाँगर मऊ का तरबूज़। सातवाँ, माशाअल्लाह क्या चेहरा नूरानी है?

मियाँ आज़ाद ने देखा कि फब्तियों का गर्द अब ही पड़ने लगा। जिसे देखो नई सुनाता है। जो है वो बनाता है तो पर–पुर्ज़े झाड़ कर ये भी जवाब तुर्की–बतु-र्की देने पर आमादा हो गए। जैसे ही एक मुसाहिब ने कहा कि माशाअल्लाह क्या चेहरा

नूरानी है। मियाँ आज़ाद तड़ से बोल उठे वल्लाह अच्छा ग़ोल बयाबानी है। अब तक तो कुत्ते और गीदड़ ही दूर–दूर से हो–हो किया करते थे अब ब्रह्म्हराक्षस भी स्टेशन पर आने लगे। मैं तो इस रौशनी ही से ताड़ गया था कि ग़ोल बयाबानी है।

मुसाहिब — अँधेरे में बहुत दूर की सूझी।

रफ़ीक़ — इस काली बानात के दुगले पर मुझे धोका हुआ कि कुसुम के खेत से बण्डेला निकल आया।

लेमू निचोड़ — सब सूरत लंगूर ज़रा दुम की कसर[24] है।

मियाँ आज़ाद ने इसका मिसरा ऊला पढ़ दिया —

लाहौल वला क़ुव्वत ये कौन बशर[25] है।

एक और साहब ने आगे बढ़कर पूछा इस्म ना-मुबारक। मियाँ आज़ाद ने कहा कि आपका मिज़ाज पलीद? दूसरे ने क़हक़हा लगाकर कहा किस खेत के हो। ये बोले भेड़िए के भट से कब निकले भई। रईस को मियाँ आज़ाद की बातें ऐसी भाईं कि पास बुलवा लिया। हज़रत आप इस वक़्त चौ-मुख लड़ रहे थे ये आप ही का काम है? मियाँ आज़ाद झुक कर एक फ़राशी-सलाम[26] बजा लाए। रईस अमीर–कबीर थे ही जिससे ख़ुश हुए दम के दम में निहाल कर दिया। फ़रमाया कि आज से आप हमारे साथ रहा कीजिए।

बहुत ख़ूब हमराह हों। जहाँ हुज़ूर का पसीना गिरे मैं ख़ून गिराऊँ। कोई तीखी चितवन से देखे तो आँखें फोड़ डालूँ। मुसाहिबों को मियाँ आज़ाद का नौकर होना काँटे की तरह खटका।

एक — (दबे दाँतों) पीर–ओ–मुर्शिद इस्तेख़ारा[27] तो देख लें। वाजिब आए तो क्या मुज़ाइक़ा।

दूसरे — (जल–भुन कर) ख़ुदा-वन्द बे समझे–बूझे क्योंकर ये रख लिए गए। ख़ुदा जाने चोर हैं, उचक्के हैं, ख़ूनी हैं। ये हैं कौन बला और सूरत से तो मर्द आदमी सब ही मालूम होते हैं। मगर किसी के दिल का हाल क्या मालूम।

तीसरे — बे-शक क्या चोट्टों के सर पर दो सींग होते हैं।

चौथे — हुज़ूर वाला ये एक दफ़ा जाली दस्तावेज़ बनाने की इल्लत[28] में माख़ूज़[29] हो चुके हैं।

पाँचवाँ — अजी ये तो बर्फ़ बेचा करते हैं मगर वल्लाह अच्छा नक़्शा जमाया।

छठा — ख़ुदावंद इन के चश्म-ए-अर्ज़क़ पर नज़र डालें ये ऐन दलील तोते चश्मी की है।

सातवाँ — ना साहब इनका यहाँ कहाँ ठिकाना।

(जारी है...)

---

1 दो रिकअत की नमाज़ जो विशेष रूप से कृतज्ञता के लिए पढ़ी जाती है 2 जुमा की नमाज़ से पहले का सम्बोधन 3 बरकत की दुआ के रूप में बोला जाता है 4 लम्बा चोग़ा 5 बकवास करने वाला 6 व्यर्थ 7 दुरुस्त 8 नक़ली चोटी 9 शैख़ी 10 झाड़-फूँक करने वाले 11 बाल 12 मोटा 13 श्रद्धालू 14 चालाकी 15 पीला 16 हंगामा 17 रहस्यों को जानने वाला 18 दग़ाबाज़ी 19 उपमा 20 दरबानों 21 साथी-संगी 22 बद-तमीज़ 23 माहिर 24 कमी 25 इंसान 26 झुक कर सलाम 27 वह इबादत जिस में ख़ुदा से मदद दरकार हो 28 बुरी लत 29 वांछित